海船轮机模拟器训练

HAICHUAN LUNJI MONIQI XUNLIAN

刘建华　黄奕新　杨惠群　王益斌　编　著

范金宇　主　审

哈尔滨工业大学出版社
HARBIN INSTITUTE OF TECHNOLOGY PRESS

内 容 简 介

本书依托集美大学轮机工程学院工程实验中心的两套现代化全任务轮机模拟器训练平台,按照集美大学航海类轮机工程专业实践教学大纲和国家海事局颁布的《中华人民共和国海船船员适任评估规范》中"轮机模拟器操作"适任评估大纲和规范的相关要求编写而成。

全书共分7章,内容包括:轮机模拟器概论,冷船启动,船舶动力系统操作与运行管理,主机备车与定速航行,辅助设备及系统操作与管理,应急操作,轮机设备及系统故障分析与排除。

本书可以作为高等航海类院校轮机工程专业本、专科生的实训教材,也可用于各类轮机员培训班的实习与训练,还可供船舶轮机管理人员及其他相关技术人员参考。

图书在版编目(CIP)数据

海船轮机模拟器训练/刘建华等编著.—哈尔滨:哈尔滨工业大学出版社,2024.5

ISBN 978-7-5767-1295-7

Ⅰ.①海… Ⅱ.①刘… Ⅲ.①海船-轮机-研究 Ⅳ.①U676

中国国家版本馆 CIP 数据核字(2024)第 062693 号

策划编辑	刘培杰　张永芹
责任编辑	钱辰琛　康沛嘉
封面设计	孙茵艾
出版发行	哈尔滨工业大学出版社
社　　址	哈尔滨市南岗区复华四道街10号　邮编150006
传　　真	0451-86414749
网　　址	http://hitpress.hit.edu.cn
印　　刷	哈尔滨市工大节能印刷厂
开　　本	787 mm×1 092 mm　1/16　印张12.25　字数315千字
版　　次	2024年5月第1版　2024年5月第1次印刷
书　　号	ISBN 978-7-5767-1295-7
定　　价	68.00元

(如因印装质量问题影响阅读,我社负责调换)

前　　言

习近平总书记在党的二十大报告中作出交通强国、海洋强国、人才强国的战略部署。全面提升航海类教育质量，加快培养具有国际竞争力的高素质航海类专门人才，是航海院校践行党的二十大精神的重要课题。

本书依据集美大学航海类轮机工程专业实践教学大纲和国家海事局颁布的《中华人民共和国海船船员适任评估规范》中"轮机模拟器操作"适任评估大纲和规范的相关要求编写而成。本书所涉及的轮机模拟器训练的所有科目内容均依托集美大学轮机工程学院工程实验中心设有的在国际与国内航海培训领域具有代表性和影响力的两套现代化全任务轮机模拟器训练平台：1. DMS-2015B 型全任务轮机模拟器（大连海事大学）；2. K-SIM MAN B&W 5L90MC VLCC L11-V 型全任务轮机模拟器（Kongsberg Digital AS）。

轮机模拟器训练的实践教学作为一种新的、有效的教学模式已经得到了国际海事组织的认可，并在《1978 年海员培训、发证和值班标准国际公约》（简称《STCW 公约》）及其修正案中明确提出使用模拟器进行航海教育和培训，轮机员在取得适任证书前必须经过轮机模拟器训练和实操评估。轮机模拟器训练是安全管理和科学驾驭现代化船舶的需要，也是船员个人专业综合素质提高的有效途径。轮机模拟器训练是轮机工程及其相关专业教学中理论联系实际的一个重要环节，内容涵盖船舶机舱主要机电设备和系统各方面的工程知识。通过设计轮机系统设备操作与管理的仿真训练科目，使学生在模拟环境中能够亲身进行操作，从而掌握相关理论在实际操作过程中的具体应用。

通过本书的学习和轮机模拟器的训练，学生可深入了解船舶轮机系统的组成、各组成部分的功能以及各系统的管理维护方法，引导学生把专业课中零散的理论知识，系统性完整地整合起来并应用于实际操作中，从而实现理论与实践的有机结合。同时训练内容包含了比较全面的机舱系统的操作，训练过程中会伴随着一定数量的故障及特殊情景触发事件，从而培养和提高学生发现问题、分析问题、解决问题以及正确应变等能力，对于促进学生形成轮机管理概念，熟悉将来的工作环境，缩短学生毕业后的适岗时间大有帮助。

全书由具有丰富航海实践经验、长期从事轮机工程专业实践教学工作的刘建华、黄奕新、杨惠群、王益斌共同编写。其中，刘建华高级轮机长编写第 4 章、第 7 章，并负责全书统稿；黄奕新高级轮机长编写第 2 章、第 3 章；杨惠群高级轮机长编写第 5 章、第 6 章；王益斌高级实验师编写第 1 章。

在本书的编写过程中，编者参考了许多同行的有关文献及资料，紧密结合轮机模拟器实验训练中心的实际情况进行编写，并得到了集美大学轮机工程学院领导和同事们的大力支持。大连海事大学 DMS 型系列轮机模拟器研发团队提供了热心帮助和支持。张均东教授（大连海事大学）、鲁道毅老师（大连海事大学）、郭蒙老师（大连海事大学）、蔡蓓莘经理（招商局香港海通有限公司）在本书编写过程中给予了大力支持并提出宝贵意见。范金宇副院长（集美大学轮机工程学院）担任本书的主审，提出了许多宝贵意见。在此，一并表示衷心感谢。

为了便于读者阅读书中提供的图片，本书提供二维码，读者可以自行扫描图片旁边的二维码查看、学习。

由于编者的学识水平有限，书中疏漏和不当之处在所难免，恳请各位读者不吝指正。

编者
2024 年 4 月

目 录

第1章 轮机模拟器概论 1
    1.1 现代船舶轮机模拟器的概念及分类 1
    1.2 轮机模拟器的沿革及发展趋势 3
    1.3 对轮机模拟器的规范要求 8
    1.4 轮机模拟器的应用领域 10
    1.5 本书所涉科目训练平台的轮机模拟器介绍 12

第2章 冷船启动 26
    2.1 应急发电机的启动运行 26
    2.2 主发电机的备车操作、启动与运行管理 30
    2.3 主电源与应急电源或岸电的切换 38
    思考题 39

第3章 船舶动力系统操作与运行管理 40
    3.1 主海水系统启动与运行管理 40
    3.2 低温淡水冷却系统启动与运行管理 41
    3.3 主机缸套水系统启动与运行管理 43
    3.4 发电柴油机冷却水系统启动与运行管理 44
    3.5 燃油驳运系统操作管理 46
    3.6 主机燃油系统运行管理 47
    3.7 发电柴油机燃油系统运行管理 49
    3.8 燃油净化系统操作与管理 51
    3.9 主滑油系统操作与管理 54
    3.10 滑油驳运与净化系统操作与管理 56
    思考题 58

第4章 主机备车与定速航行 59
    4.1 主机备车操作 59
    4.2 主机的启动及操作 69
    4.3 主机定速航行 82
    4.4 主机工况分析 89
    思考题 98

第5章 辅助设备及系统操作与管理 100
    5.1 辅锅炉燃油系统、汽水系统操作与管理 100
    5.2 辅锅炉点火升汽操作与运行管理 105
    5.3 舱底水系统操作与管理 109
    5.4 油水分离器启动操作与运行管理 111
    5.5 船用焚烧炉启动操作与运行管理 114

5.6　船用空调系统启动操作与运行管理 118
　　5.7　船舶伙食制冷装置启动操作与运行管理 121
　　5.8　船舶压载水系统操作与运行管理 123
　　5.9　压缩空气系统及船用空压机操作与运行管理 126
　　5.10　锚机与绞缆机操作与管理 129
　　5.11　液压舵机操作与管理 132
　　思考题 134
第6章　应急操作 136
　　6.1　主机的机旁操作 136
　　6.2　主机的应急操作 138
　　6.3　主机紧急运行 141
　　6.4　全船失电的应急措施 145
　　6.5　发电机并网时单机跳闸的应急措施 148
　　6.6　自动并车失败后手动并车 150
　　6.7　舵机的应急操作 151
　　思考题 153
第7章　轮机设备及系统故障分析与排除 154
　　7.1　主机故障分析与排除 154
　　7.2　发电柴油机故障分析与排除 159
　　7.3　船舶电站故障分析与排除（含发电机） 162
　　7.4　自动化系统及设备的故障分析与排除 167
　　7.5　燃、滑油系统及其设备的故障分析与排除 171
　　7.6　海、淡水系统及其设备的故障分析与排除 174
　　7.7　锅炉与蒸汽系统及其设备的故障分析与排除 178
　　7.8　压缩空气与主机操作系统及其设备的故障分析与排除 182
　　7.9　其他系统及其设备的故障分析与排除 185
　　思考题 188
参考文献 189

第1章 轮机模拟器概论

1.1 现代船舶轮机模拟器的概念及分类

一、轮机模拟器的概念

轮机模拟器又称轮机模拟训练装置,是现代航海教育的辅助设备,用于模拟实船机舱设备及其操作控制功能,是操作者进行操作技能训练和熟练程度评估的装置。某实物型轮机模拟器外观形式如图 1-1 所示。

图 1-1 某实物型轮机模拟器

现代船舶轮机模拟器的技术手段是利用数学算法结合计算机仿真技术,将代表性母型船舶的轮机物理实体构建成数学模型,通过计算机联合计算,模拟机舱设备实物及系统的内在逻辑关系,将实船机舱的轮机系统的控制箱体、物理盘台及其他设备进行物理外表征的模拟展示,同时再现真实机舱设备及系统的虚拟动态运行规律,最终将计算结果以"类实物"的信息反馈形式通过多种媒介显示在人机交互设备上。操作者通过"类机舱操作"的方式与其交互后所产生的数据状态,可以最大限度地再现真实机舱设备及系统的运行状态,从而实现对操作者的专业技能训练、评估、考核等工作。在培训现代远洋轮机人员的教学途径和手段中,船舶轮机模拟器具有安全、经济、环保、高效等显著的优点。

现代船舶轮机模拟器能够为轮机工程专业的教学和培训提供一个完整的模拟操作平

台。模拟器所包含的外部设备及其具有的灯光、声响等效果可被设计成与母型船基本一致，系统及设备的操作方式、工作流程等也可以最大限度地与实船相接近，甚至某些方面会克服母型船固有的缺陷，实现一定程度的超越，因此轮机模拟器在使用过程中具有很强的真实交互感及临场体验特性。

为了提高船舶机舱人员的自动化操作水平，增强其故障分析及处理突发事件的能力，相关国际公约、国内法规以及各海事组织对航海类院校和船员培训机构关于应用船舶轮机模拟器开展培训进行了强制性规定，同时对轮机模拟器的自身功能也提出了规范性要求，这些规范同时也推进了轮机模拟器的发展以及在教学、培训和适任评估中的应用。

二、轮机模拟器的分类

依据对实际轮机设备的模拟实现方式的不同，轮机模拟训练装置主要分为如下三类：

（1）基于半物理仿真方式的陆上轮机模拟器（land-based marine engine simulator，LBMES）。

（2）基于纯软件模拟的轮机虚拟训练系统（marine engine virtual training system，MEVTS）。

（3）嵌入到实船设备之中的实船轮机训练系统（on-board marine engine training system，OBMETS）。

陆上轮机模拟器是目前开发数量最多、应用范围最广、技术最为成熟的轮机模拟训练装置。这类轮机模拟器早期一般采用半物理仿真方式实现，即操作面板、控制台等人机交互装置采用与实船相一致的实物模拟方式，而主机、推进轴系、发电机组等底层机械设备则通过计算机仿真技术模拟实现。一方面，通过对人机交互装置的实物模拟，构建出尽可能真实的操作训练环境，有利于提高训练行为的真实感；另一方面，通过计算机对底层机械设备的仿真，可灵活设置实船中难以出现的异常工况进行模拟训练，从而达到安全、经济、高效的目的。

随着现代计算机网络、图形处理、多媒体等技术的发展，出现了基于纯软件模拟的轮机虚拟训练系统。轮机虚拟训练系统是基于计算机局域网技术，以轮机设备的二维（2D）或三维（3D）模型代替实际轮机装备，以虚拟显示面板代替实物仪表面板，用计算机仿真训练过程代替实际训练过程的轮机虚拟训练装置，具有开发周期短、经费要求低、功能强大、灵活实用、训练和维护成本低、可以实现远程网络发布共享以无限拓展训练空间等独特优点。

这里"陆上轮机模拟器"的概念就是指用于航海教育培训领域通常意义上的船舶轮机模拟器。只不过现代先进的"陆上轮机模拟器"往往由基于半物理仿真方式的陆上轮机模拟器和基于纯软件模拟的轮机虚拟训练系统相互灵活嵌合，既可以独立运行，也可以联合运作。

随着船舶轮机自动化水平的不断提高，一种新型的轮机模拟训练装置——嵌入到实船设备之中的实船轮机训练系统在20世纪90年代得以提出并迅速投入使用。实船轮机训练系统是将仿真训练系统嵌入到船舶实际系统和设备的真实环境之中，实船轮机训练系统作为整个船舶综合平台管理系统的重要组成部分，已被许多欧美国家成功应用于新建造的船舶之上，由于实船轮机训练系统具有能在完全真实的实船环境之下进行模拟训练的显著优点，该类型轮机模拟器发展前景可期。

船舶轮机模拟器还有其他分类。按照其内容的表现形式可分为全任务式、协作分布式、单机式以及 WEB 式等不同类型。按照场景视觉效果又可分为二维、三维以及二/三维混合式。按照母型船的性质又可分通用型、专用型、特种型，其中专用型和特种型又可进一步划分为 VLCC 型、集装箱型、中压型、电力推进型、内河型等。

1.2 轮机模拟器的沿革及发展趋势

一、国外轮机模拟器的发展及技术现状

国外航海技术先进的国家对航海领域的计算机仿真研究始于 20 世纪 60 年代末，由于受到当时计算机技术的限制，对设备及系统数学模型的描述和对动态过程的分析、显示等较为简单。早期的船舶轮机模拟器仅是一台由微机支撑的小型台式训练机，仿真效果与实船相差甚远，因此它的应用比较受限。随着计算机技术的发展，新技术、新工艺被不断应用于轮机模拟器中，轮机模拟器不断推陈出新，逐渐从单微机仿真系统发展成如今的多种结构形式、多种交互再现、多种体验、多角色协作的大型专业模拟设备。20 世纪 80 年代中期，轮机模拟器发展成为多微机仿真系统，训练场所和硬件设施也越来越贴近实船。从 20 世纪 90 年代开始，将轮机模拟器与网络化技术相融合，机舱设备和计算机网络不仅可以相互通信，而且学员训练站的子网络也被扩展。

国外比较知名的陆上轮机模拟器研发生产厂商有挪威的 NORCONTROL 公司（由 KONGSBERG 公司于 1965 年组建，曾被拆分卖掉，1992 年被 KONGSBERG 公司回购兼并）、挪威的 KONSBERG MARITIME 公司、英国的 TRANSAS 公司、英国的 AVEN 公司、德国的 STN ATLAS ELEKTRONIK 公司等。另外还有国际上具有领先地位的实船轮机训练系统制造商：加拿大 CAE 公司、德国 SIEMENS 公司和英国 ROLLS-ROYCE 公司等。

NORCONTROL 公司是较早研发轮机模拟器的欧洲公司，于 20 世纪 80 年代研发的典型产品是 Dieselsim 型轮机模拟器。它是电子计算机和数学模型相结合的产物，电子计算机为 Nord-42 型小型工业机，数学模型模拟出一艘 16 万吨油船的推进装置，并用软磁盘输入。后来为了使受训者对机舱设备有整体认识，增加了一个模拟图示板，用贴制的柴油机动力装置模型原理图和不同颜色的线条连成相应系统，并以灯光在线显示各设备的工作状态（运行或停止）。如果将这种轮机模拟器作为第一代产品，它的主要特点是"电子计算机+数学模型+物理控制台+操作图示板（MIMIC）"。

KONGSBERG 公司 20 世纪 90 年代的代表性产品为 PPT-2000 系列轮机模拟器。PPT-2000 系列轮机模拟器基于真实船舶的类型机舱，其主要部件，如主机遥控系统、机舱机旁控制箱及控制器、车钟、报警系统、电力供给系统、机器声响等都与实船一样。其数学模型包括不同的船型，不同的配置，不同的主机类型。PPT-2000 系列轮机模拟器，从柴油机生产厂家看，可以仿真 MAN B&W、Sulzer、Pielstick、Mak 和 MTU 等世界著名柴油机厂生产的柴油主机和发电机；从推进方式上看，可对电力推进的船舶，燃气轮机推进的军舰，定距桨和变距桨船舶进行仿真；从软件工程的角度看，采用模块化结构，不同船型、不同主机类别的数学模型都存放在模型库中，根据用户的要求，把不同的数

学模型连接起来，交付使用。进入 2010 年 KONGSBERG 研发的产品以"通用型"模拟器为主，其代表性产品有 K-SIM MAN B&W 5L90MC VLCC L11-V 型轮机模拟器。该系列产品的特点是不指定具体的母型船、面板布置及功能设计，以通用性为主，系统模型的构建比较抽象，对机舱系统表象特征的模拟注重概念原理和示意。其优点是简化开发和维护成本，便于在原有模拟器设备外壳的基础上针对母型船及机舱的更迭升级而替换模拟软件。虚拟轮机系统动态响应及反馈规律的仿真算法较为先进，较高水平地契合实船轮机系统的运作逻辑。缺点是虚拟轮机系统模型外表征比较抽象，操作界面不够简便。

英国 TRANSAS 公司生产的轮机模拟器有 ERS2000、ERS3000、ERS Solo 及 ERS500 新型轮机模拟器。ERS2000 型轮机模拟器基于 PC 网络，由一个教练员工作站和 1～12 个学员台组成，教练员工作站可以在线监控学员的操作，学员台可运行不同的柴油主机模型和电站模型以及与其相配的控制系统和设备。ERS3000 型轮机模拟器是全任务式轮机模拟器，采用实际的控制设备面板、仪表和控制台，主机推进系统模拟器和电站模拟器可以分别作为两套独立的系统来训练，也可以联合在一起训练，还可与航海模拟器相互联网组成驾机综合训练中心。ERS Solo 是单台 PC 桌面型轮机模拟器，特别适用于海船船员的适任评估和相关的知识更新培训，该系统采用开放式结构，易于扩充新的功能或升级新的版本，也易于开展远程模拟训练教学。这三种类型的轮机模拟器形式上分为群集式、全任务式和单机式，应用时可以进行单独配置，也可以结合起来配置。另外，该公司率先引入虚拟现实（virtual reality，VR）技术并实现平台间交互操作（系统界面效果可在二维、三维间切换）。

德国 STN ATLAS ELEKTRONIK 公司生产的 SES4000 系列轮机模拟器，其显著特点是注重对仿真环境真实性的渲染，该系列模拟器对所有的物理过程都进行建模和图形显示，主机和集控室都采用硬件设备。每个系统的泵浦和管线都予以再现，并且考虑到了液体或气体的流动特性。系列中的小型轮机模拟器是基于工作站的轮机模拟器，采用多任务图形方式来仿真主机和子系统的功能。其拓展型 SES4000M 多功能轮机模拟器采用实际的控制盘台和显示装置，能够仿真 300 个不同的报警和故障，同时能够产生随机的机舱声响效果，临场真实感强。

加拿大 CAE 公司是世界著名的船舶综合平台管理系统（integrated platform management system，IPMS）的生产厂家。加拿大 CAE 公司的实船轮机训练系统是 IPMS 的一个重要功能组成模块，OBMETS 结构示意图如图 1-2 所示。

OBMETS 以 IPMS 的硬件体系为依托，采用分布式结构。上层采用标准化的多功能操控站作为人机交互接口，每个多功能操控站由多个多功能通用标准模块化显控台组成，每个显控台的功能可通过软件设置决定，根据任务的需求而变化；中间层采用局域网络，可高速安全地传递数据；下层为遍布全船的分布式处理站（RTU），负责现场信号采集处理和设备控制。OBMETS 的仿真软件可安装在 IPMS 中的一个或数个多功能操控站中，在任何时候都可激活。当某个操控站被选为训练模式时，该操控站就停止与 IPMS 数据总线通信，其控制功能被屏蔽，从而可以提高 IPMS 的运行安全性，以避免模拟训练对实际装置和系统的误操作。在 OBMETS 上可以进行个人或小组级别的模拟训练，此时任何一个多功能操控站都可被指定为教练台或受训台。依靠教练台并在教练员的组织下，参与分组训练的所有人员都置于同一个仿真环境和训练科目下，任何参训者的操作都将影响到其他人,从而达到协同训练的目的。

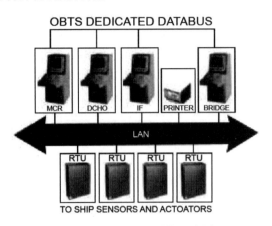

图 1-2 OBMETS 结构示意图

二、国内轮机模拟器的发展和技术现状

国内的一些海洋工程院所于 20 世纪 80 年代末期开始研发主要用于舰船的轮机模拟训练装置。我国轮机模拟器的研制起步虽然相对较晚,但是研究起点高,发展迅速。在进入 20 世纪 90 年代后,我国轮机模拟器技术已逐步追平国际先进水平并有所创新。目前国内具有代表性的轮机模拟器研制单位有武汉理工大学、上海海事大学和大连海事大学。

武汉交通科技大学(现武汉理工大学)于 1994 年研制出第一台国产轮机模拟器 WMS-1。1996 年该技术成果获中国交通部科技进步一等奖。该轮机模拟训练器总体技术、系统性能以及制造质量,都已达到了同时期国际同类设备先进水平。我国已将该轮机模拟器列入向国际海事组织(IMO)报告履行《经 1995 年修正的 1978 年海员培训、发证和值班标准国际公约》(简称《STCW78/95 公约》)的培训设备。

武汉理工大学研发的代表性的轮机模拟器产品型号有 WMS-1、WMS2000、WMS2004、WMS2008 以及 WMS2010 等。WMS-1 型轮机模拟器是国内自行开发研制的远洋船舶轮机仿真训练器。该仿真训练器采用了国际先进水平的支撑软件、多媒体工作站、X-WINDOW 图形处理等技术,并在图形显示上有较大的突破。该仿真训练器对母型船机舱主要设备进行操作、控制、状态、参数和声响的全方位仿真,培训人员在仿真训练器上进行操作程序、运行管理、值班等方面的训练,可以达到与实船相同的训练效果。该仿真训练器还可以进行在实船上无法进行的设置故障和误操作训练,以提高培训人员的分析能力和管理水平。该仿真训练器在教练员台上具有启动/停止、冻结/运行、模型运算速度的选择与控制、初始状态快存、初始状态选择与恢复、回溯追踪、故障设置、外部参数设置、盘台硬件诊断、训练操作实时考核评分等多种运行管理功能。WMS2000 型轮机模拟器,采用 UNIX 操作系统和亚洲仿真器公司先进的实时仿真支撑软件,以先进的集装箱船为母型船进行仿真,大部分机械设备及其运行特性都按母型船设计,可再现母型船机舱各种机电设备的主要操作控制功能。该系统在设备布局上,由教练员室(兼主机驾控室)、集控室、模拟机舱、轮机长室、学员软操训练室和触摸屏式轮机模拟器信息查询机等组成。该型轮机模拟器可在机旁、集控台、驾控室主机遥控台三处操作主机，船舶电站系统可对柴油副机、发电机、配电板、电网负荷等进行操作控制，机舱工况集中监控和报警计算机能分别对主机的工作参数和缸内工作过程、动力装置热工系统及船舶电站系统的设备运行状态和系统的工作参数等进行动态图形监视，基本上可满足《STCW78/95公约》对轮机模拟器的要求。学员台模拟器系统中新增加了惰性气体系统、液压舵机、集装箱船二氧化碳灭火系统。另为适应油轮培训的需要，增加了油轮锅炉、蒸汽透平货油泵系统。WMS2004型轮机模拟器，仿真对象更加先进与复杂，仿真内容也更加丰富，采用了先进的计算机实时仿真平台、全物理过程数学建模、计算机监控、人工智能、多媒体技术及基于客户端/服务器模式（C/S）等多项先进技术。该型模拟器在技术上有一定的前瞻性，功能上更加实用，可扩充性更强。WMS 2008型轮机模拟器在WMS2004型的基础上优化了接口系统，增加了海面视景和机舱漫游功能。目前，以智能柴油机为主机的WMS2010型轮机模拟器已研制成功。

上海海运学院（现上海海事大学）也于1998年以2700TEU集装箱船作为基本仿真对象成功研制出轮机仿真模拟器SMSC2000。其造型及面板结构的设计充分基于仿真母型船的实际，模拟机舱室、集控室和驾驶室/教员室为其主体部分，它的软硬件均采用系统集成技术组合，集控台等的外形如实船。各类自动化仪表均以计算机仿真软件实现，机舱主要设备和管系按功能分块由独立的工作站实现仿真。整个仿真系统采用DCS网络，分为数据采集站、仿真工作站和主控站三级。数据采集系统由CONLOG公司的PLC担任。轮机长室、讲习室、多人培训室为重要的功能扩展部分。扩展部分与主服务器之间联成网络，还可以进行计算机同步投影教育。该模拟器系统采用20世纪90年代计算机技术，以"软"代"硬"，革除了机旁控制箱，改善了仿真效果，降低了成本；其中图解板不仅可显示，还可运用红外触摸方式简捷地进行控制；对液柜液面波动和管道中介质流动则有动态实时显示；运用了"声、光、像、红外"等复合多媒体技术实现图形动态管理，采用了防火防盗系统、人工神经网络、专家系统等；系统软、硬件可分可合，可根据客户要求组合。SMSC2000研制成功之后，上海海事大学又在其基础上，以5600TEU集装箱船舶机舱为模拟对象，完成了SMSC2010型轮机模拟器的研制开发。该型仿真模拟器包括Auto Chief Ⅳ主机遥控系统、SSU8810主机安保系统和DGS 8800e电子调速系统，全部功能符合国际海事组织和中国海事局对海船船员发证的要求，得到国内外航海院校和海事培训机构的广泛认同。

大连海事大学研发的轮机模拟器以DMS系列为主，先后开发出DMS-2005、DMS-2006、DMS-2010、DMS-2011、DMS-2012、DMS-2013、DMS-2014、DMS-2015、DMS-2016、DMS-2017和DMS-2018等多型号及相应发展序列的轮机模拟器，仿真母型船涵盖超大型油轮VLCC、万箱集装箱船、双主机船、调距桨船、电力推进船、内河船、液化天然气船、军船、海洋石油支持船、多用途重吊船、化学品船等多种船型。其中VLCC模拟器已获得挪威船级社（DNV）最高级别的A级认证。

DMS系列轮机模拟器目前在国内海事管理、航海院校及海运企（事）业单位的装机使用量具有显著领先地位。DMS系列轮机模拟器的主要特点有设备先进、系统运行稳定、交互点多、教学模型全面并且可以手动设置各种故障，为船员的实操提供丰富的操作项目。其基本形式分为全任务式、单机式和协作式。该系列模拟器的通信方式采用同类产品中速率最快、容量最大的工业以太网通信，通过自主研发的通信板卡配合自拟定的变通道收发协议，能够在系统运行时顺利通过同时多人、多点、快速点击的极端测试，保证了系统运行的实时性和稳定性。近年来DMS系列新型模拟器成熟运用了虚拟现实技术，提高了轮机模拟训练的真实感和实效性。这种基于虚拟现实的轮机模拟器，学员进入机舱有临场感，操作有真实感，通过三维透视图像可看到真实机舱设备封闭部件的运动情况，故障设置更为形象，还增加了机舱巡回检查和结构维修功能。其"漫游交互""多点触发""管网建模""智能评估"等技术在国际上已有所领先。目前，DMS系列轮机模拟器的发展特点是在以前的基础上注重云端化、三维情景化和平板化等技术，突破体感式技术的应用。

DMS-2005轮机模拟器是大连海事大学DMS系列轮机模拟中具有代表性的经典产品，以下做简单介绍：DMS-2005轮机模拟器，以5446 TEU全集装箱船的大型现代化轮机动力装置为仿真对象，对船主柴油机及推进系统等13个主要系统建立全功能仿真模型，其操作、显示功能与母型船相同。模拟器建立了各系统精细的数学模型，可设置多种类型的系统故障，除满足轮机专业本科模拟器教学要求外，更适合于轮机长、大管轮等管理级船员培训要求。该模拟器以交换机为中心，将各个子系统仿真工作站、服务器、相关控制台、配电盘和虚拟现实工作站以星型网络结构构成的分布式仿真系统，系统以虚拟现实技术配合集控室控制台、配电盘和驾驶室控制台等实物再现船舶的实际机舱，通过立体眼镜观看投影幕可看到动态的虚拟控制台、虚拟主机、虚拟驾驶台和实现机舱漫游，具有身临机舱的感觉（临场感）。整个轮机模拟器留有网关，可与航海操作模拟器联网，建成驾机联网模拟训练中心。整个系统由驾驶室/教练员室功能模块、集控室功能模块、机舱设备功能模块、学员操作功能模块和电源（UPS 不间断电源）五大部分组成。机舱设备功能模块由各仿真子系统工作站组成，各仿真子系统既可独立仿真，也可组网构成全系统（整个机舱）仿真。学员操作功能模块（学员软操训练室）由大型图解板、教员台和15台学员工作站组成。图解板由电脑显示器拼接而成，可生动地反映机舱各设备分布、设备工作状态和各液位的在线指示，而且易于更新；教员站和15台工作站与教员室、集控室、机舱设备子系统相联网，在学员工作站可获取船舶全部资料、船舶各系统结构和相关设备的工作原理图（二维、三维动画，图片和录像），可单机运行子系统仿真程序或全船仿真程序（各学员工作站参数的改变不影响其他工作站的工作，"各自为政"），或进行网络仿真（各工作站运行同一仿真程序， 一个工作站改变参数，各工作站同时也改变相应参数，"同舟共济"），用于学员团队的分工与协作训练。

三、现代轮机模拟器关键技术路线的发展

20世纪80年代轮机模拟器是电子计算机和数学模型相结合的产物，如果将这种轮机模拟器作为第一代产品，它的主要特点是"电子计算机+数学模型+物理控制台+操作图示板"。20世纪90年代由于微型计算机、多媒体和仿真平台等技术的发展，轮机模拟器有了更新换代的条件，微型计算机、多媒体、仿真平台、网络通信的新技术使轮机模拟器的整体性能有所提高。如果将20世纪90年代的轮机模拟器作为第二代产品，则其主要特点是"微机+数学模型+多媒体显示界面+物理控制台+模拟图板"。

虚拟现实技术的应用将使轮机模拟器跨入动态视景的新阶段。虚拟现实技术是一种全新的人机交互环境，其主要特点是用户可以身临其境地与计算机生成的三维虚拟环境

进行交互。虚拟现实技术是在计算机图形学、仿真技术、人机接口技术、多媒体技术及传感技术基础上发展起来的交叉技术。它是指采用以计算机技术为核心的现代高新技术生成逼真的视觉、听觉、触觉等一体化的在特定范围的虚拟环境；也是人们通过计算机对复杂数据进行可视化操作以及交互的一种全新方式。利用计算机生成的虚拟环境（即计算机生成的具有表面色彩的立体图形），通过某些传感设备（立体眼镜、立体头盔等）使用户"投入"到该环境中，实现用户与该环境直接进行自然交互，即用日常使用的方式对虚拟环境的物体改变视点和进行操作，并得到实时立体反馈。如果将基于虚拟现实技术的新型轮机模拟器作为第三代产品，则其主要特点是"微机+数学模型+多媒体技术+虚拟现实技术"。

进入 21 世纪，我国轮机模拟器在虚拟现实技术运用上又进一步向扩展现实（extended reality，XR）技术拓展，该技术融合虚拟现实（VR）、增强现实（AR）与混合现实（MR）技术等多种虚拟仿真技术手段，为轮机模拟器操作者带来虚拟机舱与现实机舱环境之间无缝转换的"沉浸感"。该技术具有三维可视化、沉浸式交互、信息实时获取及反馈等方面的优势。未来此技术将进一步与轮机模拟器相融合，让模拟器展现一个更加逼真的机舱环境和设备，使学生能更沉浸地进行交互操作，对基本操作更加熟练。

现代轮机模拟器将是集计算机多媒体技术、工业以太网技术、微缩塑模技术、网络控制技术、虚拟现实技术、数据通信技术、自动感测技术、分布式并行处理技术、嵌入式仿真与控制技术及数字孪生等技术的综合运用的集合体。良好的现代轮机模拟器系统不仅是轮机工程领域先进技术研究与应用的成果体现，同时也可以促进轮机故障诊断、智能控制、系统优化与决策等相关领域的研究工作。

随着船舶工业和仿真技术的不断发展，轮机模拟器的研制将朝着网络化、智能化、功能模块化以及"驾机合一"的方向发展，虚拟设备和实物模型将更加紧密地结合并融入其中，未来的轮机模拟器将更加先进、灵活和智能。

1.3 对轮机模拟器的规范要求

一、国际公约对船舶模拟器功能及使用的要求

2010 年 6 月 25 日国际海事组织在马尼拉通过《1978 年海员培训、发证和值班标准国际公约》2010 年修正案（简称《STCW 公约马尼拉修正案》）。该修正案更加重视并严格规定轮机部高级船员要取得相应等级的适任证书必须经过轮机仿真模拟器的训练与评估。

《STCW 公约马尼拉修正案》在第一章总则中对轮机模拟器的使用和性能按照"强制性标准（A 部分）"和"建议性标准和指导（B 部分）"进行了划分。标准分别从轮机模拟器的"用于培训的一般性能标准""用于适任评估的一般性能标准""模拟器的培训目标""培训程序""评估程序""教员和评估员的资格"等方面对轮机模拟器操作环境的可控性、物理真实水平、行为真实性、非正常状况的仿真度等做出了详细规定，要求轮机模拟器能够模拟船上相关设备的操作，包括这种设备的性能局限性和可能产生的误差、通信等，同时，还应具有足够的仿真环境（如三维虚拟现实），使受训者达到

培训目标的预定水平。

二、国内法规对轮机模拟器培训的强制性规定

我国作为 IMO 的缔约国，为了履行国际公约，保证船员培训质量，我国对模拟器在船员培训与评估中的应用提出了强制性规定。2004 年，我国交通运输部颁布的《中华人民共和国海船船员适任考试、评估和发证规则》以及 2010 年 1 月 1 日颁发的《中华人民共和国海船船员适任评估大纲和规范》详细规定：凡申请船长、轮机长等高级船员必须完成并通过岸上相应仿真训练器的训练。并在《中华人民共和国海船船员适任评估大纲和规范》中进一步明确规定了轮机模拟器培训的评估项目（具体内容参阅相关大纲和规范）。2009 年颁布的《中华人民共和国船员培训管理规则》规定，开展海船轮机员适任培训的机构必须配备单机版轮机模拟器和全任务轮机模拟器。

三、轮机模拟器系统整体功能须满足的有关规范

（1）满足 IMO 关于《STCW 公约马尼拉修正案》规定的"适任评估项目"和"能进行持续熟练程度演示"的要求。

（2）满足中国海事局《STCW 公约马尼拉修正案过渡规定实施办法》中规定的"自动化电站的训练"和"自动化系统的训练"的要求。

（3）满足《中华人民共和国海船船员适任考试、评估和发证规则》及相应的"轮机模拟器训练评估规范"。

（4）满足《STCW 公约马尼拉修正案》对轮机员适任培训之机舱资源管理（ERM）轮机模拟器的设备标准的技术要求和品质要求。

（5）满足《中华人民共和国船员培训管理规则》（交通运输部令 2009 年第 10 号和交通运输部令 2013 年第 15 号）的有关规定。

（6）满足中国海事局《关于实施<中华人民共和国船员培训管理规则>有关事项的通知》（海船员〔2010〕42 号）的有关规定。

（7）满足中国海事局《关于做好 STCW 公约马尼拉修正案履约准备工作有关事项的通知》（海船员〔2011〕923 号）中机舱资源管理（ERM）设备标准的有关规定。其中至少具备但不限于下列内容：

①瘫船启动、备车与完车、机动航行、正常航行、风浪天航行、浅水航行、锚泊、离靠港作业、雾中航行等工况、加装燃油料操作与处理。

②主机或设备故障（单缸停油、抽除活塞、停增压器运转、超速超负荷运行）、全船失电、舵机失灵、机舱进水、机舱火灾、恶劣海况、搁浅、碰撞、海盗袭击、溢油等应急工况的操作与处理。

四、轮机模拟器分级的国际标准

为便于准确执行《STCW 公约》及相关标准，国内外船级社等认证机构对船舶轮机模拟器的功能及形式进行了详细的规范及等级划分说明。国际上对模拟器很多采用挪威船级社的分级标准，其在"航海模拟器性能认证标准（Standard for Certification No. 2.14: Maritime Simulator Systems）"中，针对不同船型的轮机模拟器的等级由高到低进行划分，

各级的认证标准及出发点均以《STCW 公约》中的相关规定为依据和来源，分级如下：

A 级（full mission）：全任务模拟器，全任务操作模式，所具有的船舶机舱系统及功能最全。

B 级（multi-task）：多任务模拟器，以具有多项任务交互能力的模拟器为认定对象。

C 级（limited-task）：局限任务模拟器，C 级是与 B 级相对来区分的，局限任务模拟器的某些任务或功能存在一定的局限性或不完善性。

S 级（special-tasks）：专用（特殊）任务模拟器，具有专用单系统训练功能的轮机模拟器，比如船舶电站操作模拟器、船舶冷却水系统操作模拟器等。

1.4　轮机模拟器的应用领域

一、轮机专业认识实习

轮机模拟器能够通过其直观的视觉表现，使学生对现代船舶的轮机系统有一个较为完整而准确的初步认识与理解。教师对轮机模拟器进行讲解和示范性操作，帮助学生初步了解相关的主要设备和系统，帮助其形成轮机的管理概念，以提前熟悉未来的工作环境，树立正确的专业理想。

二、专业理论课程的教学辅助

教师在进行相关专业理论讲解时，并不能使学生完全理解掌握理论中所描述的轮机系统和设备及具体操作的概念。而借助模拟器可以有效地帮助学生理解理论知识，避免形成错误思维，实践证明模拟器与理论课的融合，将显著提高教学效果。

譬如在"轮机自动化"课程教学过程中，可以合理地结合轮机模拟器进行教学。轮机模拟器对机舱主要设备（如主柴油机、电站、辅锅炉、空压机等）均设有先进的自动控制系统，这些控制系统与物理系统工作方式相同。当转换为自动控制时，学生可通过灯光或执行机构的动作观察到自动控制系统对被控对象所执行的控制操作过程，从而可加深对"轮机自动化"课程所授内容的理解。

三、专业技能的综合训练

船舶轮机管理是一项实践性很强的技术。学员的实船训练对于轮机管理技能的掌握是必不可少的。由于实船训练不可能为使学员领悟某项技能而人为地改变或打乱正常的航行营运生产（譬如有意启停重要船舶设备或系统），更不允许故意制造轮机运行事故而影响船舶安全。而使用模拟器则可以模拟各种事故并可反复使用和操作，使用模拟器虽然不能完全代替实船训练，但它所进行的某些训练非常有效，甚至是实船难以完成的。

良好的轮机模拟器是对其母船机舱轮机系统及设备的运行规律、操作控制及环境、状态、参数、音响等各种机舱情景的高度仿真。可以利用船舶轮机模拟器，让学员扮演轮机员的角色，使学员身临其境，在模拟执行航行中的各类日常轮机管理和维护工作中完成教练员预设的各项实操训练任务。学员在模拟器上进行机舱各设备和系统的操作管理、运行管理、值班等各方面的训练，可以达到与实船接近的训练效果。

四、故障分析处置能力的训练

现实船舶机舱设备繁多,系统复杂,运行环境恶劣,不确定因素多,容易出现故障,因此轮机工作人员应具备较强的故障分析和处理能力。良好的现代轮机模拟器系统有效结合了通信、智能、人机交互等先进技术,并融入相关算法和数学模型,使模拟器能够较为真实地模拟出各种故障不同阶段的激活状态。现代轮机模拟器针对不同的轮机系统和设备设置了许多的故障点,总结了诸多轮机管理人员丰富的经验教训。故障以故障树的形式出现,在轮机模拟器上可反复设置故障,观察现象,分析故障出现的先兆、后果,从而有利于学员掌握系统原理,训练学员的故障分析能力,培养故障应变处置能力。在学员进行故障解决操作中,轮机模拟器智能系统对其错误或者不准确的操作进行记录分析,并在练习完成后进行报告,从而不断加强学员分析、解决、排障的能力。这些操作既不会引起设备损坏或影响航行安全而造成严重后果和实际损失,又使学员在技术管理方面受到全面系统的训练。

五、应急处理的技能训练

船员在实船上不敢轻易进行的某些操作,或者很少遇到的一些危险事故,在模拟器上都可以比较容易地模拟出来。如主机紧急刹车、主机应急运行、主机扫气箱着火、主机咬缸、机舱着火、机舱进水、全船停电等,都可反复进行模拟操作。实践证明,应急操作和危险事故的处理对轮机员是一项很重要的训练。轮机长、轮机员通过轮机模拟器训练,经历数次各种逼真情况下的应急操作和危急情况的处理训练,取得了成功的经验和失败的教训,一旦再遇上类似的情况,技术上有把握,心理上就能沉着应对。

六、轮机管理从业人员任职技能水平的智能评估

轮机模拟器的训练程序和项目能适应不同实践水平和理论水平的学员。如对操作级学员的培训可主要进行由定速航行到进港完车,机舱各设备和系统的操作管理等训练。如对管理级学员则可进行自动控制系统、故障分析及排除等方面的培训。轮机模拟器管理系统可实时监控和定时记录学员的实操情况,同时可用模拟器根据实操项目的评估标准及规范对学员的实操情况进行评估,科学、客观地得出评估结果,以满足《STCW公约马尼拉修正案》提出的利用模拟器对船员的任职技能水平进行评估的要求。现代轮机模拟器的智能评估系统可以自动记录操作者的操作步骤,并根据设定的规则自动判断操作的准确性,最后根据完成情况由计算机自动给出参考成绩。智能评估系统可采用模糊集对具体操作步骤给出评判标准,操作者在多个模糊集内的隶属度函数加权平均即为最终参考成绩。如何设计模糊算法及权重是评估算法合理性的关键因素,需要在实践中结合经验数据进行深入研究。

七、辅助科学研究

轮机模拟器除了可满足教学培训任务外,还能够辅助船舶管理及轮机建造设计等专业课题的科学研究。例如:主机不同工况下的燃油经济性;燃烧管理的优化;排放对环

境影响；最佳经济航速的选择；有关船舶操作性能的研究和改进措施等方面，由于实船的不确定性，许多研究无法进行。融入数字孪生技术的先进新型轮机模拟器可以实现将轮机设备及系统的现实物理实体进行全生命周期过程的数字映射，在虚拟数字环境中复制出与之完全对应的轮机系统对象的虚拟世界，因而在此类轮机模拟器上的试验和研究，可以真实反映轮机设备及系统的客观运行规律，以指导现实系统的科学操作和设备设计的优化及改进措施。这种科研工作几乎没有现实物理设备环境研究过程中的试错成本和安全风险，同时又相当高效和便捷。

1.5 本书所涉科目训练平台的轮机模拟器介绍

本书所涉及的轮机模拟器操作训练科目均基于集美大学轮机工程学院全任务轮机模拟器实验室配置的 DMS-2015B 型轮机模拟器和 K-SIM MAN B&W 5L90MC VLCC L11-V 轮机模拟器训练平台。

集美大学轮机工程学院全任务轮机模拟器实验室建成于 2016 年，此实验室配置有两套全任务轮机模拟器系统：

（1）DMS-2015B 型全任务轮机模拟器（大连海事大学），由一套全任务大系统和相应的 40 台（套）桌面系统组成，以大连船舶重工集团有限公司建造的 30 万吨级超大型油轮轮机系统建模设计。

（2）K-SIM MAN B&W 5L90MC VLCC L11-V 型全任务轮机模拟器（Kongsberg Digital AS），由一套全任务大系统和相应的 24 台桌面系统组成，模拟一艘 18 万吨级大型油轮轮机系统。

上述两套模拟器均取得 DNV 颁发的全任务型模拟器的资格证书，满足 IMO 关于《STCW 公约马尼拉修正案》规定的"适任评估项目"和"能进行持续熟练程度演示"的要求，满足《中华人民共和国海船船员适任考试和发证规则》（简称"11 规则"）及相应的"轮机模拟器训练评估规范"。

该两套轮机模拟器系统主要应用于集美大学轮机工程本科专业的"轮机模拟器训练"等实操综合训练的实践教学，并同时承担国家海事局的海船轮机船员（轮机长、轮机员）适任证书申考的"轮机模拟器操作"科目的训练课程和评估任务。

"船舶轮机设备及系统的操作管理"等轮机模拟器相关系列操作训练课程，根据《STCW 公约马尼拉修正案》的相关要求，以新型 DMS-2015B 和 K-SIM ENGINE 型全任务轮机模拟器系统为实训平台来开展实践教学，训练目的是实现以下教学要求：

（1）掌握冷船状态正确恢复船舶供电操作技能。
（2）掌握船舶动力系统的操作与运行管理技能。
（3）掌握主柴油机从备车到定速航行的操作程序。
（4）掌握船舶辅助设备及系统的运行操作和管理技能。
（5）掌握主机及船舶设备的应急操作程序和技能。
（6）掌握船舶设备及系统故障分析并及时排除故障的技能。

同时，在项目训练过程中培养协作、沟通和负责的职业素养，以达到保证船舶营运的安全性和有效性的目的。

一、DMS-2015B 型轮机模拟器

DMS-2015B 型全任务轮机模拟器由大连海事大学研发，参照 CCS 钢制海船入级规范的 AUT-0 标准设计，采用实物仿真、半实物仿真及虚拟仿真等多种模拟方式相结合，以目前国内最先进、最新下水的 VLCC 船为母型船研制的大型、全功能、全任务、全景式、协作式、机舱资源管理型、虚拟三维的轮机虚拟仿真训练系统。

母型船为大连船舶重工集团有限公司建造的 30 万吨级超大型油轮——远兴湖轮，2011 年交付中远集团大连远洋运输公司。船体总长 330 m，宽 60 m，型宽 27.2 m，总载重 296 659 t，船舶时速 15 kn[①]。

1. DMS-2015B 型轮机模拟器仿真母型船机舱的主要设备技术参数

（1）MAN B&W 7S80MC 型船用主机（1 台）。
- 型式：二冲程十字头式，可逆转，废气涡轮增压，右旋（船尾方向）；
- 缸径/冲程：800/3 056 mm，缸数：7；
- 启动空气压力：30 bar；
- 最大持续功率：25 480 kW × 79 r/min；
- 平均有效压力：18.2 bar；
- 最大爆发压力：140 bar；
- 使用功率：CSR（90%MCR）22 932 kW（31 185BHP）× 76.3 r/min；
- 平均有效压力：17 bar；
- 使用燃油：重油闪点大于 61 ℃，热值大于 42 700 kJ/kg；
- 额定功率时燃油耗率：167 g/（kW·h）+ 3%。

（2）发电柴油机组（3 台）。
- 品牌：Wärtsilä Auxpac；
- 型号：975W6L20 / 60 Hz IMO Tier 2 with VIC；
- 型式：直立式，单作用，四冲程，直接喷射，水冷，废气涡轮增压；
- 缸径/冲程：200/280 mm，缸数：6；
- 额定功率：975 kW，额定转速：900 r/min，平均有效压力：25.9 bar；
- 使用燃油：Operation at < 20 % load on HFO or < 10 % on MDF；
- 排烟温度：321 ℃。

（3）发电机（3 台）。
- 品牌：汾西（Fenxi）；
- 型式：风冷，强制润滑，联轴节连接；
- 额定功率：1 219 kW；
- 额定转速：900 r/min；
- 额定电压/电流：450 V/1 564 A；
- 功率因数：0.8；

[①] 1 kn = 1.852 km/h（只用于航行）。

- 电制：AC，3φ，60 Hz；
- 绝缘等级：F。

(4) 应急发电柴油机（1台）。
- 启动方式：压缩空气启动或液压启动；
- 型号：KTA；
- 额定功率：300 kW；
- 功率因数：0.8；
- 额定电压：450 V；
- 转速 1 800 r/min；
- 频率：60 Hz。

(5) 燃油锅炉（2台）。
- 型号：SAACKE KLN/VM-2.5/7；
- 蒸发量：2 500 kg/h；
- 工作压力：7.0 bar；
- 设计压力：9.0 bar；
- 蒸汽温度：170.4 ℃；
- 给水温度（热平衡）：60.0 ℃；
- 给水温度（正常运行）：90.0 ℃；
- 水容量（正常水位）：2.6 m³。

(6) 废气锅炉（1台）。
- 型号：SAACKE KIP/PC-0.7/7；
- 主机负荷：85%；
- 蒸发量：700 kg/h；
- 工作压力：7.0 bar；
- 设计压力：12.0 bar；
- 给水温度（热平衡）：60.0 ℃；
- 循环水流量：4 000 kg/h；
- 水容量：0.30 m³；
- 吹灰器数量：3。

(7) 其他辅助设备。
- 重油分油机：2台（其中一台可分轻油），型号 Alfa Laval SA821；
- 滑油分油机：2台，型号 Alfa Laval SA816；
- 轻油分油机：1台，型号 Alfa Laval PA600；
- 主空压机：2台，型号 SPERRE HV2/200；
- 辅空压机：1台，型号 SPERRE HL2/77；
- 手动往复式空压机：1台，型号 SPERRE HLH/119；
- 蒸发式制淡装置：1台，型号 Alfa Laval JWP26-C80；
- 油水分离器：1台，型号 ThyssenKrupp MPB 2.5；
- 焚烧炉：1台，型号 ATLAS TMPB 2.5；

➢ 舵机：1 台，型号 roll-royce；
➢ 辅机供油单元：1 套，型号 CRGD0.8BL。

2. DMS-2015B 轮机模拟器系统的组成架构

DMS-2015B 轮机模拟器系统由一套大型半实物轮机模拟器，40 台（套）桌面（PC 机）系统轮机模拟器、二维软件、三维软件与管理软件四个部分组成。半实物轮机模拟器由模拟机舱、模拟集控室、模拟应急发电机室、模拟驾控室及教练员站等组成，其中的主要物理配置如下。

（1）模拟集控台。

模拟集控台设备主要用以实现对主机的控制和参数显示以及辅助设备的控制、报警、参数设定等功能。集控台主要设备包括：主机遥控操作台、车钟、机舱参数显控台、检测报警操作台、辅助设备操作站及轮机日志打印机等。

集控台共 5 屏，船用结构外形。含仿主机遥控面板（采用进口 Nabtesco 主机遥控车钟），轮机员安全板，舵机指示面板，报警灯柱复位面板，空压机遥控面板，燃油指示面板，控制面板，船钟，声力电话，仪表，指示灯与按钮，信号收发装置，监测报警计算机等，配有延伸报警和值班报警功能。

主机遥控系统按照 NABTESCO M-800-V 设计（母型船也实装此型主机遥控系统）。监测报警系统仿照 K-Chief 600 设计，界面与功能完整，配有触摸式的延伸报警单元模拟软件，安装有 1 台行式打印机。

模拟集控台如图 1-3 所示。

图 1-3 模拟集控台

（2）模拟配电板。

模拟配电板包括主配电板和应急配电板，用于模拟船舶低压电站的各项基本操作，主要包括柴油发电机和应急发电机的启动、停止、并网、解列、负载转移、自动化电站管理等功能。配电板上的负载与母型船的相一致，与轮机紧密相关的负载都得到体现，同时体现出分级卸载、脱扣、应急切断、岸电接入等功能。

　　模拟应急配电板用于模拟应急发电机的启动、运行管理、并网解列、停止等操作，应急配电板共 3 屏，含应急发电机控制屏、应急动力负载屏、应急照明负载屏。该模拟主配电板如图 1-4 所示，模拟应急配电板如图 1-5 所示。

图 1-4　模拟主配电板

图 1-5　模拟应急配电板

(3) 模拟机旁控制台。

模拟机旁控制台作为主机应急操作部位,采用与实际船舶类似的盘台。主推进系统采用定距桨推进,模拟机旁控制台包含与驾控台直通的应急车钟,主机调速手柄,主机换向旋钮,启动、停止按钮等主机机旁操作装置,以及主机运行状况的监测显示仪表,仪表包括主机转速表、主机启动空气压力表、主机滑油压力表、扫气压力表等。模拟机旁控制台如图1-6所示。

图1-6 模拟机旁控制台

(4) 模拟主机驾控台。

模拟主机驾控台模拟船舶驾驶台的主辅车钟操作、主机操作、舵机操作、监测报警、值班指示、应急操作、辅助控制、通信等模拟功能。模拟内容以母型船的技术资料为依据,包含主机遥控单元、延伸报警单元、船速与主机转速指示、舵机监控面板与舵角指示。安装有主机转速表、船速表、舵角表、触摸式延伸报警装置、含仿主机遥控面板(采用进口Nabtesco主机遥控车钟)、舵机面板、船钟、声力电话、仪表等装置。模拟主机驾控台如图1-7所示。

图1-7 模拟主机驾控台

（5）模拟本地控制箱。

模拟本地控制箱包括以下类型设备：岸电箱、应急发电机控制箱、应急充放电控制箱、主空气压缩机控制箱、辅空气压缩机控制箱、主柴油发电机控制箱、燃油分油机控制箱、主滑油分油机控制箱、燃油锅炉、油水分离器控制箱、焚烧炉控制箱、生活污水控制箱等。模拟本地控制箱布局如图 1-8 所示。

图 1-8　模拟本地控制箱

（6）大液晶触控屏。

4 台 84 英寸大型液晶触控显示屏构成了虚拟机舱的主体。用于互动二维与三维显示与交互操作。每台触控屏配图形工作站主机 1 台。

大液晶触控屏的显示内容涵盖母型船主要设备及系统。大液晶触控屏中可以实现触摸化的二维系统或三维机舱完整操作，可灵活配置二维、三维的显示与控制。

这些屏能被组合用于显示和操作同一个设备或系统，也能分别用于显示和操作相互独立的设备或系统，此时各屏之间的模拟仿真信号实时互联互动。另外，各屏也可以选择单机运行。虚拟机舱液晶屏如图 1-9 所示。

图 1-9　虚拟机舱液晶屏

(7)教练站。

教练站配置教练员工作电脑、音响系统和备份设备,安装有模拟器软件和教练员管理系统。可实现初始训练环境设置,训练过程控制,系统投入和解除控制,运行状态监视、记录和打印,考核和评估等功能。教练站如图 1-10 所示。

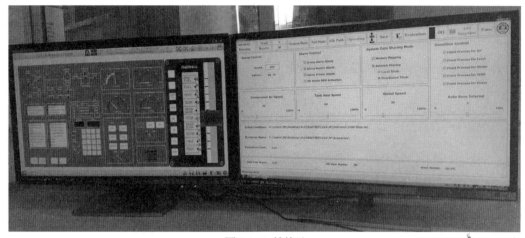

图 1-10　教练站

(8)模拟器课桌系统训练室及二维仿真操作界面。

模拟器课桌系统配有 40 台(套)单机版模拟系统(或桌面模拟系统),每台安装的二维轮机模拟器训练软件和半实物轮机模拟器的主系统完全一致。40 台学员单机训练 PC 机,每台 PC 机配 23 英寸双显示器,配套教练员工作站设施一套。模拟器课桌系统训练室如图 1-11 所示。

图 1-11　模拟器课桌系统训练室

二、K-SIM MAN B&W 5L90MC VLCC L11-V 轮机模拟器

1. K-SIM MAN B&W 5L90MC VLCC L11-V 轮机模拟器架构布局总览

K-SIM MAN B&W 5L90MC VLCC L11-V 轮机模拟器由 Kongsberg Digital AS 公司研制，属于全仿真通用型全任务轮机模拟器系统。K-SIM 仿真型模拟器典型形式如图 1-12 所示。

图 1-12　K-SIM 仿真型模拟器典型形式

K-SIM 轮机模拟器包括下列主要构件与元素：

仿真集控室（含：仿真集控台、仿真主配电板）、虚拟驾控台、仿真应急发电机室（含：仿真应急发电机本地操作台、应急配电屏）、仿真机舱（含 1 台本地操作台，4 个大屏幕互动式动态模拟操作屏、用于音响系统的扬声器）、全任务模拟器系统教练站、桌面模拟器系统训练室（24 台）、桌面系统的教练站、仿真模型软件。

仿真集控台如图 1-13 所示。

图 1-13　仿真集控台

仿真主配电板如图 1-14 所示。

图 1-14　仿真主配电板

仿真集控室如图 1-15 所示。

图 1-15　仿真集控室

虚拟驾驶台和仿真应急发电机室如图 1-16 所示。

图 1-16　虚拟驾驶台和仿真应急发电机室

仿真机舱如图 1-17 所示。

图 1-17　仿真机舱

教练员站如图 1-18 所示。

图 1-18　教练员站

桌面模拟器系统训练室如图 1-19 所示。

图 1-19　桌面模拟器系统训练室

2. 仿真模型描述

K-SIM MAN B&W 5L90MC VLCC L11-V 轮机模拟器模拟了一艘配置了 B&W 低速涡轮增压柴油机主机（图 1-20）作为推进装置的超大型油轮（图 1-21），配置了固定和可控螺旋桨系统。该模型基于真实的主机数据，使得模拟器的动态性能接近于真实主机的响应。电站系统包括 2 台柴油发电机、1 台透平发电机、1 台轴带发电机以及 1 台 180 kW 的应急发电机。蒸汽舱包括 1 台 D 型蒸汽锅炉、废气锅炉、4 个货物透平机、压载透平机和冷凝及供水系统。

主机数据：
型号：MAN B&W 5L90MC
气缸直径：900 mm
活塞冲程：2 900 mm
气缸数量：5
主机功率：17 400 kW
主机额定转速：74 r/min
平均指示压力：13.0 bar
扫气压力：2.1 bar
涡轮增压器转速：8 000 r/min
燃油耗率：168 g/(kW·h)
燃油种类：DO/ HFO 700 cst

图 1-20　MAN B&W 5L90MC 柴油机

船舶主要数据：
船舶总长：305 m
两柱间长：295 m
型宽：47 m
型深：30.40 m
夏季吃水：19.07 m
载重：187 997 t
航速：14 kn

图 1-21　VLCC 船舶

3. 模拟器的机舱系统

➢ 海水和高低温淡水系统，包括造水机；
➢ 电站系统，包括柴油发电机、轴带发电机和透平发电机；
➢ 启动空气压缩机和日用空气压缩机，包括压缩机系统、冷却器、应急压缩机；
➢ 电站和泵浦管理系统；
➢ 蓄电池充电系统；
➢ 蒸汽舱，包括 D 型燃油锅炉和废气锅炉；
➢ 柴油及重油系统，包括油柜、分油机和黏度计；
➢ 滑油系统，包括分油机；

- 尾轴系统；
- 舵机和自动舵系统，包括 double dacting IMO 型舵机和船舶航向控制系统；
- 涡轮增压器系统；
- 主机控制系统，包括驾驶台控制、集控室控制和机旁控制系统；
- 主机控制空气系统；
- 燃油高压泵系统，包括 VIT 系统；
- 示功图；
- 活塞环监视系统；
- 主机负载图；
- 主机轴承系统；
- 空气通风系统；
- 污水井和污水分离器；
- 空调系统；
- 生活污水处理系统；
- 焚烧炉装置；
- 压载水系统；
- 冷藏系统；
- 船舶装卸系统；
- 二氧化碳扫气箱及消防系统；
- 远程二氧化碳释放、水雾、紧急停止和快速截止阀；
- 火灾告警系统，包括区域性火灾探测器；
- 污染物排放控制系统（水乳化、选择性催化还原系统（pmax-reduction/SCR）、洗涤系统）；
- 烟囱烟雾排放物 CCTV 监视器（主机间和柴油发电机间）。

4. 软件配置

①K-SIM 轮机模拟器仿真模型软件：Neptune ERS MAN B&W 5L90MC VLCC L11-V，单车单桨。

②教练站安装的应用软件：Neptune ERS MAN B&W 5L90MC VLCC L11-V，单车单桨，Kongsberg K-Chief 500 IAS。

③在教练站和学员工作站（桌面系统）上使用的 ERS MC 90V 虚拟现实仿真模型软件：MD 400 Main engine VR View；MD 410 Aux engine VR View；MD 420HFO Separator 1 and 2 VR View；MD 421Start Air System VR-View；MD 422 LO Separator VR-View；MD 423 DO Separator VR-View。

第 2 章 冷 船 启 动

2.1 应急发电机的启动运行

冷船启动，又称为瘫船启动。国际海事组织海安会及《国际、海上人命安全公约》（简称"SOLAS 公约"）相关修正案对瘫船状态、瘫船启动及要求提出了明确的解释与规定，瘫船状态系指由于缺少动力，致使主推进装置、锅炉和辅机处于不能运转的状态。瘫船状态应包含两个基本要素：第一，在"瘫船状态"下，船舶主推进装置、锅炉和辅机是停止运转，而不是不能运转，如果机器不能运转，那就谈不上恢复运转了，也就是真正的死船（dead ship）了；第二，在"瘫船状态"下，启动和运行主动力推进装置、主发电机和其他重要辅机的能源已丧失。

冷船（瘫船）启动过程主要包括应急发电机的启动与供电，应急空压机的启动与供气，主发电机的启动与供电，相关泵浦与系统的启动与正常运转，主机的备车、启动与正常运转及锅炉与其他相关的辅助机械的启动并投入到正常的运转状态的过程。

应急电网为船舶提供初始动力。应急发电机启动方式有两种：一种是蓄电池 24 V 直流电带动的直流电机启动，另一种是由液压油启动。应急发电机燃烧的燃料油为轻油，由应急发电机轻油日用柜经应急发电机机带燃油泵供油。应急发电机为闭式冷却，采用机带风扇为冷却水换热器降温，机带淡水泵保持冷却水的循环流动。

本节操作训练平台为 DMS-2015B 轮机模拟器二维系统相关操作界面。

DMS-2015B 轮机模拟器应急电站系统包括 1 台应急柴油发电机及其辅助系统，应急发电机机旁控制箱，1 列应发控制屏，1 列应急交流 440 V 负载屏，1 列应急交流 220 V 负载屏，1 列岸电及母联屏。

【初始操作状态】
（1）船舶处于瘫船状态。
（2）24 V 电瓶供电。

【训练目标】
（1）掌握瘫船状态时应急发电机启动的步骤及要领。
（2）掌握应急发电机并车及应急设备正常运行的操作程序和管理方法。

【训练内容】
启动应急发电柴油机的动力源采用蓄电池或液压蓄能。

1. 应急发电机启停

应急发电机可在机旁控制箱上手动启动，瘫船状态下应急发电机的启动包含以下主要步骤：

（1）在 ID60 界面 DC24V 电瓶屏（图 2-1）上闭合相应的断路器，确保充放电板至应急配电板断路器闭合，警报声光按"BUZZER STOP"按钮，而后按复位"ALARM RESET"按钮。电流表和电压表选择 1~3 档中的 1 档显示。然后在 ID62 界面应急发电机系统（图 2-2）上开启应急发电机机旁控制箱电源，电源指示灯亮，同时对调速器供电单元供电（图 2-3）。控制箱加热断路器供电，选择"AUTO"模式。确认蓄电池电压满足启动要求（大于 15 V）或液压油缸中的液位满足启动要求（大于等于 85%），确认应急发电机轻油日用柜至应急发电机燃油管路通畅。

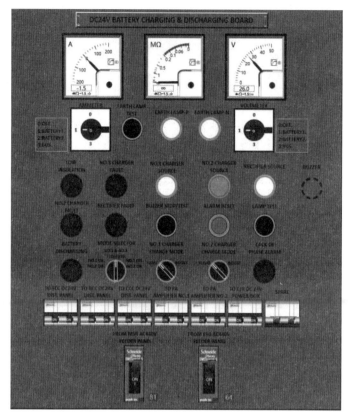

图 2-1　DC24V 电瓶屏

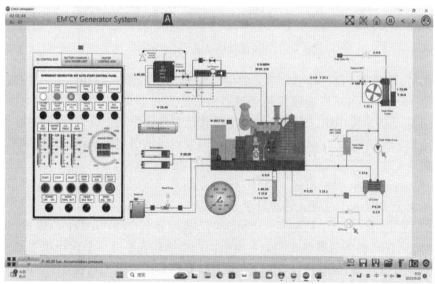

图 2-2　应急发电机系统

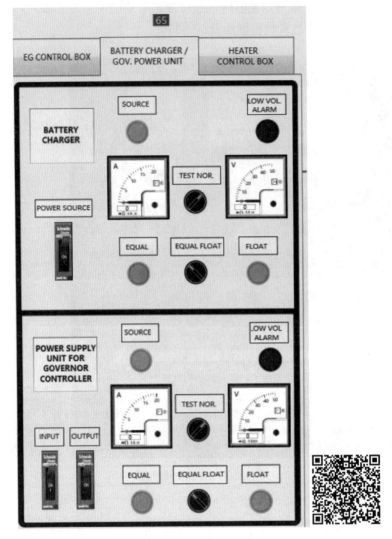

图 2-3 调速器供电单元

（2）在 ID62 界面打开调速器供电单元的供电按钮，然后在应急发电机机旁控制箱上，将启动控制模式"MODE"旋钮旋至手动"MANU"位置，在机旁控制箱上按下"START"按钮启动应急发电机。观察应急发电机转速表确认原动机是否启动成功，应急发电机低速运转额定转速为 1 000 r/min 左右，此时发电机的供电无法满足电网频率要求。若发电机转速稳定在额定低速运转转速上表明原动机启动成功。

（3）应急发电机在运行控制模式"IDLE"低速区运转一段时间后，将运行控制模式"MODE"旋钮旋至"RUN"位置，转速升至额定转速 1 800 r/min。

（4）待转速稳定后，将启动控制模式"MODE"旋钮旋至自动"AUTO"位置。

（5）当主电网正常供电后需停止应急发电机。停机操作先断开应急配电板主开关，将应急发电机控制位置切换到机旁"LOCAL"位置，令应急发电机空载运行 3 min 后按下"STOP"按钮，停止应急发电机运行。

注意：如转速不满足额定转速要求，可在机旁或应急发电机控制屏上进行调速操作。

机旁调速方法是旋转机旁调速手柄，向左旋为升速，向右旋为降速。调速过程中要注意观察发电机转速表，当转速达到额定转速后需手动使手柄恢复中位。

2. 应急电网供电

应急配电板包括 1 个应急发电机控制屏、1 个应急 440 V 负载屏、1 个应急 220 V 负载屏和 1 列岸电及母联屏。应急发电机控制屏可以对发电机进行供电、切电操作，对母联开关进行闭合、断开操作等，同时可以指示应急电网的状态，应急 440 V 负载屏是为船舶应急负载提供 440 V 交流电，应急 220 V 负载屏为船舶应急负载提供 220 V 交流电。

应急发电机并电包括以下主要步骤：

（1）应急发电机转速稳定后，可以手动或自动将应急发电机的主开关合闸。手动合闸时首先将选择模式"CRTL MODE"开关旋转至手动"MANU"位置，将应急发电机控制屏"EM'CY GEN.CB CLOSE"按钮按下即可，合闸按钮指示灯变亮表明合闸成功。自动合闸时需将应急发电机控制屏（图 2-4）上"CRTL MODE"开关选择到自动"AUTO"位置，在应急发电机运行 20 s 后，自动完成合闸，合闸后合闸按钮指示灯变亮。

（2）如果应急发电机处于"READY FOR START"状态，并且应急发电机控制屏上的"CRTL MODE"开关选择到自动"AUTO"位置时，自动控制系统会根据电网的供电情况自动启、停应急发电机。当系统检测到主电网失电时，如果应急发电机满足遥控启动条件（应急发电机控制屏上的"READY FOR START"灯亮），30 s 内完成自动遥控启动应急发电机，自动合闸供电。

（3）当主电网有电时，可通过应急配电板测试全船失电状态。此操作只需当应急发电机机旁操作箱和应急电站控制模式都为自动"AUTO"模式时，按下"START TEST"按钮，应急发电机监测到全船失电状态后，若满足遥控启动条件，将进行全船失电时的应急发电机自动启动及应急开关自动合闸测试。

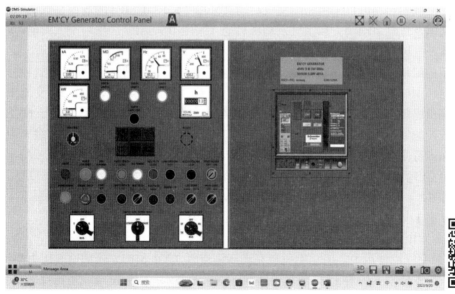

图 2-4 应急发电机控制屏

3. 应急供电

首先在 ID64 界面应急 440 V 负载屏和 ID65 界面应急 220 V 负载屏闭合全部供应急电的断路器（岸电开关不合闸），为船舶应急负载提供 440 V 交流电，以及提供 220 V 交流电。然后在 ID61 界面启动 1 号机舱供风排气机，屏上空间加热器置于"开（ON）"位置。（图 2-5）

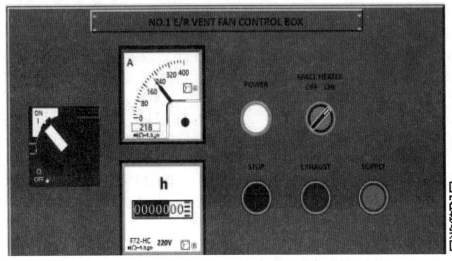

图 2-5　机舱 1 号供风排气启动屏

2.2　主发电机的备车操作、启动与运行管理

主发电柴油机的启动可以采用压缩空气启动（采用 2.5～3.0 MPa 的压缩空气启动，设有空气分配器及气缸启动阀）和空气发动机启动（采用 0.7 MPa 的压缩空气启动，设有空气分配器及气缸启动阀）两种启动方式。

本节介绍的船舶电站主发电机的原动机为中速柴油机，由压缩空气启动，燃料油为轻柴油或重油，由副机供油单元提供。主发电机为船舶电站提供 440 V、60 Hz 交流电，作为动力电源供船舶负载使用。动力电经过 220 V 变压器变压后可转变为 220 V、60 Hz 照明电供系统及舱室照明使用。同时船舶电网经应急充放电板为 24 V 直流蓄电池组充电。

本节操作训练平台为 DMS-2015B 轮机模拟器二维系统相关操作界面。

DMS-2015B 轮机模拟器电站系统包括 3 列柴油发电机控制屏、1 列同步屏与联络开关、1 张电站图、4 列组合启动屏、4 列交流 440 V 负载屏、1 列交流 220 V 负载屏。

【初始操作状态】

（1）应急发电机运行供电中。

（2）应急空压机使用中，应急空气瓶充满压缩空气（3.0 MPa）保证空气压力不低于要求值（一般不低于 1.5 MPa），放尽管路和气瓶中的残水。应急空气瓶也可以使用手摇泵充气。应急空压机运行如图 2-6 所示。

（3）发电机油、水柜油水位正常。

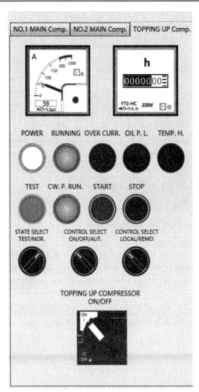

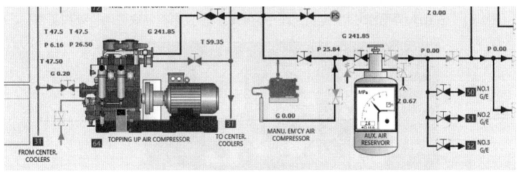

图 2-6 应急空压机运行

注意：应急空压机运行控制不能置于"AUTO"模式，"CONTROL SELECT"选择"ON"，否则应急空压机启动频繁导致过电流保护报警红灯亮。

【训练目标】

（1）主发电机的备车操作，启动。
（2）主发电机的运行，并车管理。
（3）熟悉电站系统各组成设备及其功用。
（4）空压机的运行管理。

【训练内容】

1. 柴油发电机启停（以 1 号为例）

在 ID50 界面 NO.1 发电机系统中（图 2-7），1 号发电机的原动机控制共有两种控制模式，可以在机旁的"ENGINE CONTROL UNIT"上进行选择，一种是遥控控制

(REMOTE),此模式下在发电机控制屏上遥控控制柴油发电机;另一种是机旁控制(LOCAL),此模式下需要在机旁控制箱上启动或停止柴油发电机。

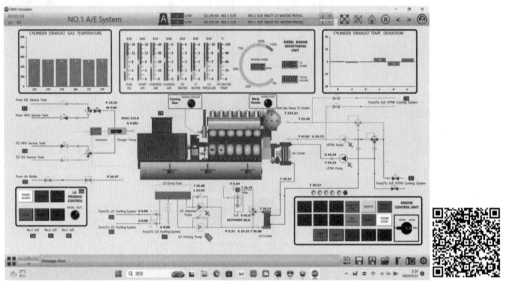

图 2-7　NO.1 发电机系统

柴油发电机原动机的启动可按下列步骤进行:

(1)在ID90界面机舱DC24V供电箱中确保充放电板为主配电板供电的断路器闭合(图2-8),在ID50界面NO.1发电机系统中,确认柴油发电机油底壳油位处在正常位,启

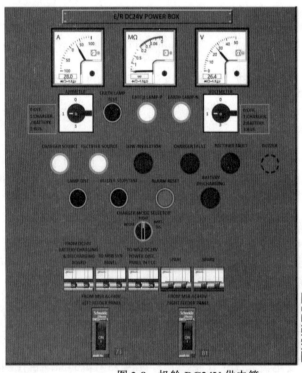

图 2-8　机舱 DC24V 供电箱

动预润滑油泵对柴油发电机进行预润滑,确认滑油进机压力正常。在 ID53 界面应急空压机运行时,确认启动空气压力满足启动要求(大于 15 bar),确认启动空气阀已打开。在 ID11 界面轻油系统中打开相关阀门,启动轻油泵,确认燃油进机压力处于正常范围内。在 ID32 界面发电机冷却水系统中,确认冷却水进出发电机及暖缸各阀打开。

(2)在机旁"ENGINE CONTROL UNIT"中选择控制模式为"LOCAL"模式。需要满足主发电机启动要求,上方数盏 Led 绿灯亮,控制箱显示"READY TO START",No.1 发电机机旁控制箱如图 2-9 所示。在机旁"ENGINE CONTROL UNIT"按下"ENG START"按钮启动发电机。观察柴油发电机转速表,额定转速为 890 r/min 左右,若转速稳定在额定转速上表明启动成功。也可在主配电板遥控启动、停止柴油发电机。此项操作需要首先在机旁"ENGINE CONTROL UNIT"中将柴油机模式旋钮转到"REMOTE"位置,然后在 ID74 界面同步屏上将 1 号机的"ENG START"按钮按下,将 ID74 界面同步屏上的"VOLT METER SELECT"旋钮转到"T"位置,将"AMMETERSELECT"旋钮转到"TR"位置,观察 ID74 界面同步屏上的电压表、频率表指示,额定电压为 450 V,额定频率为 60 Hz,若发电机在此参数下稳定运行,则表明启动成功。

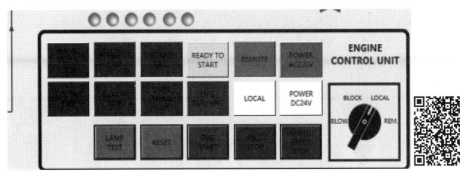

图 2-9　No.1 发电机机旁控制箱

(3)待转速稳定后,将 ID50 界面 NO.1 发电机系统机旁控制箱中的原动机控制位置切换到"REMOTE",然后到主配电板相应的柴油发电机控制屏进行下一步操作。

(4)运行过程中可以由机旁或柴油发电机控制屏上停机,停机前需要对柴油机进行解列。若需在机旁位停机,将控制位置切换到"LOCAL",按下"ENG STOP"按钮停止相应柴油发电机运行。遥控位停机操作需要保证机旁箱的柴油发电机操控模式旋钮处于遥控"REMOTE"位置,将 ID76 界面中"SYNCHRO SELECT"旋钮转至 1 号机,然后按下"DG1 CB OPEN"按钮,待主开关分闸后将 ID74 界面中的"ENGINE STOP"按钮按下,停止原动机运行。

2. 发电机并电与解列(以 1 号机为例)

柴油发电机并电是指将柴油发电机的供电投入船舶电网供各类用电设备使用,解列是指将已经向船舶电网供电并承担一定负载的柴油发电机脱离电网。发电机并车及负载分配方式有三种,分别为"手动(MANU)""半自动(SEMI-AUTO)"和"自动(AUTO)"。

(1)发电机单机投入。

柴油发电机的单机投入是指在主电网处于无电或由岸电供电的工况下,手动模式下单机投入操作步骤如下:

①当柴油发电机启动成功并转为遥控模式下,在 ID76 界面发电机并车及解列屏中

将"SYNCHRO SELECT"旋钮旋至 1 号柴油机的位置（图 2-10），然后将"DG1 CB CLOSE"按钮按下，观察其电压表、频率表指示，若有电压及频率指示，表明发电机合闸成功，该发电机单机投入，向船舶电网供电。

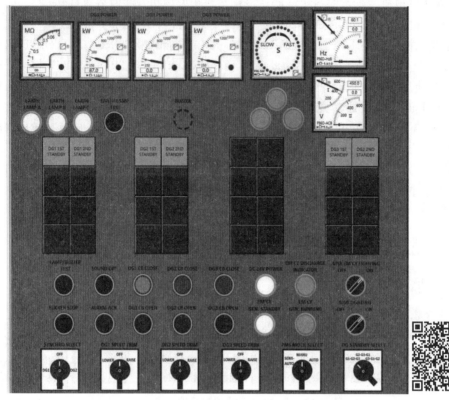

图 2-10　发电机并车及解列屏（发电机单机投入）

②合闸成功后，在组合启动屏和 440 V 负载屏以及 220 V 负载屏上，合上需要供电的用电设备的分路负载开关。如 ID70～ID73 界面和 ID81～ID84 界面以及 ID45，ID46 界面。

（2）发电机同步并车和解列操作（以 1 号机为例）。

当船舶电站负载过大，电网总负载超过所有在网发电机额定功率总和的 90%时，或者主机备车时，需要增加在网发电机数量，此时需要进行同步并车操作。船舶电站需要减少在网运行发电机数量的过程称为解列操作。同步并车和解列操作方式有"手动（MANU）""半自动（SEMI-AUTO）"和"自动（AUTO）"三种模式，通过 ID76 界面同步屏上的"PMS MODE SELECT"旋转开关实现模式切换。下面分别介绍三种模式下发电机的同步并车和解列操作步骤。

①"手动（MANU）"模式。

（a）手动模式需首先将 ID76 界面发电机并车及解列屏上的"MODE SELECT"旋转开关转到手动"MANU"位置（图 2-11），其次在发电机机旁"ENGINE CONTROL UNIT"中本地启动或在配电板的主柴油发电机控制屏上遥控启动待并发电机。

（b）将 ID76 界面发电机并车及解列屏（图 2-11）上同步选择"SYNCHRO SELECT"

开关转到待并机位置，检测频差、相位。此时在同步屏上观察同步表、频率指示表和电压指示表，发电机并电条件要求待并发电机与电网电压一致，待并机频率最大超前（同步表 FAST 方向）0.1 Hz，待并机相位角最大允许提前 10°。如果不满足以上要求，则需要在同步屏上通过相应发电机调速手柄调整待并机原动机转速，从而调整发电机频率，直到满足并车条件。

注意： 待并机与原动机的频率差大小可以通过同步表检测，对应频率差要求的待并机超前小于 0.1 Hz 并车条件，频率表应该顺时针旋转，每转 1 圈用时约 5 s 即可。

（c）当同步表转速和方向满足要求后，在同步表转到 11 至 1 点位置之间，迅速按下相应柴油发电机主开关合闸按钮，将待并机投入电网运行。并车成功后需切除同步表，以免长时间通电造成同步表损坏。

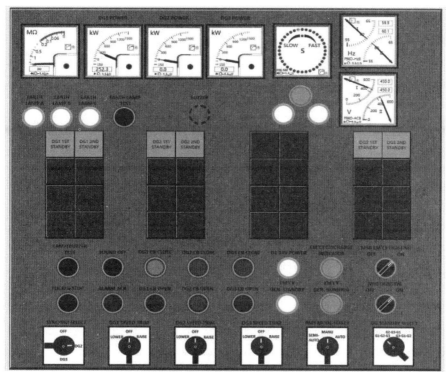

图 2-11　发电机并车及解列屏（发电机同步并车和解列操作）

（d）并电成功后应立刻进行均功操作，即对在网发电机进行负载调节，使各在网机所承担的负载均衡。均功时需要同时操作 2 台柴油发电机的调速旋钮，对负载高的一台进行减速操作，对负载低的一台进行升速操作，同时观察两个柴油发电机控制屏上的功率表指示，直到进行均功的 2 台发电机功率基本平衡为止。

（e）在网运行发电机解列前，需调节发电机的调速手柄进行负载转移操作，负载转移操作与均功操作过程相反，即需同时调整待解列机与在网机调速旋钮，在对待解列机进行降速操作的同时对在网机进行升速操作，同时观察待解列机的功率表指示，当功率表指示值在 30 kW 以下时，迅速按下待解列机主开关分闸按钮，将待解列机脱离电网。

解列后柴油发电机原动机要保持空载运行 5～10 min 方可停机。

注意：在解列操作时不可将解列机负载调至过小，防止逆功。

② "半自动（SEMI-AUTO）"模式。

（a）半自动模式并车与解列操作需保证柴油发电机机旁 "ENGINE CONTROL UNIT"模式选择开关在遥控 "REMOTE"位置，并将待并机启动，使其电压和频率处于额定值附近，在 ID76 界面发电机并车及解列屏将 "PMS MODE SELECT"开关转到 "SEMI-AUTO"位置。在待并机的控制屏上按下该待并机的 "AUTO SYNCHRO"按钮，发电机将自动同步并车。

（b）半自动模式下解列发电机需要在待解列的发电机控制屏上按下负载转移 "LOAD SHIFT"按钮，发电机将自动转移负载并自动分闸。

注意：当进行半自动解列操作时，如果系统不能满足半自动解列操作，该过程会被自动取消。

③ "自动（AUTO）"模式。

自动模式下船舶电站自动管理单元会根据当前电站负载情况自动投入备机优先级最高的发电机组或解列在网优先级最低的发电机组。只有在 "自动（AUTO）"模式下才有第一和第二备用机组的判断。

（a）备机顺序选择可通过 ID76 界面发电机并车及解列屏中 "DG STANDBY SELECT"旋钮来选择，系统默认的模式是最先处于自动备机状态的机器为第一备用，然后依次为第二备用。

（b）自动模式下电站管理单元会根据电网负载变化情况自动进行多台发电机之间的负载自动分配、自动增机、自动负载转移、自动减机运行等操作。

3. 组合启动屏操作

组合启动屏上可以直接遥控启动船舶主要设备。主电网有电时，转动组合启动屏上需要启动设备的组合单元电源断路器到 "ON"位置，为设备启动单元供电，电源 "SOURCE"指示灯亮。按下相应单元的启动 "START"按钮启动设备，启动成功后运行 "RUNNING"指示灯亮。

需要遥控停止设备时在相应组合单元按停止 "STOP"按钮，设备停止后运行 "RUNNING"指示灯熄灭。

对于组合启动屏上有控制方式选择 "MODE SELECT"的组合单元，如果将控制方式选择在手动 "MANU"位置，则可以通过手动操作组合启动屏上的启动、停止按钮操作设备。如果选择在自动 "AUTO"位置，黄色备用 "STAND BY"指示灯亮，表明该组合单元控制的设备处于备用状态。处于备用状态的设备满足启动条件后会自动投入运行。自动控制方式下无法通过组合启动屏上的启动、停止按钮对设备进行启停操作。

组合启动屏上组合单元的计时器自动计算相应设备的运转时间。

组合启动屏上包含的设备多数在模拟屏可以进行本地启、停操作，正在运行的设备其启动 "START"按钮指示灯亮，如果需要进行停止操作按下相应停止 "STOP"按钮即可，停止后模拟屏上该设备的启动 "START"按钮指示灯熄灭。启动相应设备时在模拟屏上按下相应启动 "START"按钮，指示灯亮表示该设备启动成功。

瘫船启动流程图如图 2-12 所示。

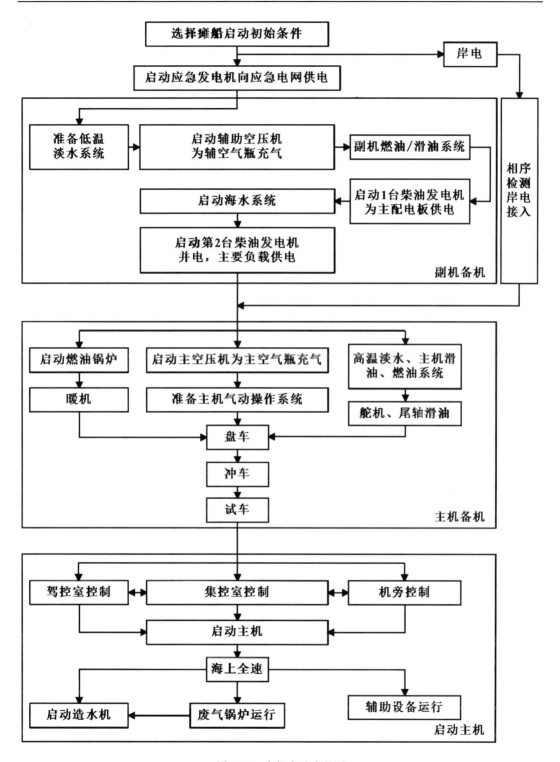

图 2-12 瘫船启动流程图

2.3　主电源与应急电源或岸电的切换

正常情况下，应急电网由主配电板供电，主配电板因故失电时，应急发电机通过应急配电板向应急电网供电。主配电板恢复正常后，转换回由主配电板供电。

我国《钢质海船入级规范》规定：应急发电机组在主电源失电时，能自动启动，并在 45 s 内把发电机投入应急电网供电运行。

应急电站自动控制包括供电自动转换和柴油发电机组的自动启动/停止控制。主电源供电转为应急电源供电是主电源失电；反过来是主电源恢复，应急发电机 ACB 分闸。

船舶进厂及靠港检修或某些船舶靠港停泊时，可以用陆地的电源来供电，称为"岸电"。

岸电操作适用于船舶停靠港口，且船电不供电的情况。岸电接入船舶电站的首要条件是岸电相序与船舶电站的相序一致，电压、频率相同。

【初始操作状态】

（1）船舶由主柴油发电机供电。

（2）船舶处于码头靠港停泊状态。

（3）一台发电机供电，发电系统在自动状态下工作。

【训练目标】

（1）掌握主电源与应急电源的切换。

（2）掌握主电源与岸电切换的操作要领。

【训练内容】

1. 主电源与应急电源的切换

应急配电板若设置为"AUTO"方式，则在主电网失电时应急发电机会自动启动，并自动入网，以便对辅空压机等应急设备供电。主电网恢复供电时，自动切除应急发电机供电。若设置为"MANU"方式，应急发电机的启动和入网均需人工操作。在手动模式下，应急发电机的停车需当应急发电机脱离电网后，在应急配电板上按下"STOP"按钮（断油），并持续一定时间即可停车。

2. 岸电接入操作程序

（1）在岸电箱上首先用相序检测开关和相序指示灯来检测相序，相序正确为"绿灯"亮，否则为"红灯"亮，只有"绿灯"亮才允许进行下一步操作。岸电检测开关的位置与相序指示灯的关系是随机性的。

（2）当相序检测正确后，在岸电箱上按下"CLOSE"按钮，使岸电送到船电配电板的岸电主开关的源端，此时岸电箱及电站同步屏上的"SHORE POWER"指示灯亮，然后在主配电板 220 V 负载屏的右下角，合上岸电接入船电电网的主开关，同步屏上电压表及频率表有指示即表明岸电已成功接入，然后可对机舱各机电设备进行供电操作。

接岸电箱如图 2-13 所示。

注意：船电与岸电不可同时在网，在船舶电网有电的情况下不允许接入岸电，同样在岸电接入状态下船电无法合闸。

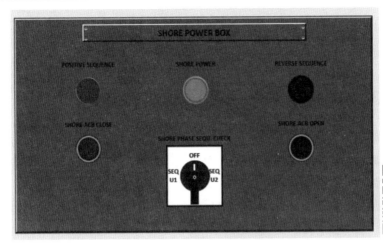

图 2-13 接岸电箱

思 考 题

1. 简述瘫船启动的步骤。
2. 应急发电机供电范围有哪些?
3. 说明柴油发电机从启动,运行,合闸到卸载,解列,停机全过程的操作步骤。
4. 柴油发电机的启动须具备哪些基本条件?
5. 如何正确进行主电源与应急电源的切换?
6. 如何正确进行主电源与岸电的切换?

第 3 章　船舶动力系统操作与运行管理

3.1　主海水系统启动与运行管理

主海水系统主要由高、低位海底阀箱，滤器，主海水泵，阀门，冷却器，防止海生物生长装置，自动调温装置及管系等组成，其主要功能是给主柴油机及为其服务的设备提供足够且合适的海水进行冷却，特别是中央冷却器。

瘫船启动时，在单台副机投入运行为配电板供电之前，无法启动海水泵，因此副机冷却换热效果不良。当配电板正常供电后应立即启动海水系统和低温淡水系统，以确保副机良好的冷却效果。

海水进口温度可以通过管路上的海水回流阀进行调节，回流的海水量越多则实际进入中央冷却器的海水温度越高。也可以通过手动调节进入中央冷却器与旁通部分的比例来调节换热量，相当于改变了系统中海水冷却介质的温度。

本节操作训练平台为 DMS-2015B 轮机模拟器二维系统相关操作界面。

主海水系统中设有 3 台主海水泵，2 台中央冷却器及相应管路和阀件。当船舶配电板正常供电后应立即启动 1 台主海水泵，并开启海水泵吸入口端高位海底门或者低位海底门的截止阀和出口端的出海阀，保证海水的正常循环，观察中央冷却器上海水进出口温度。海水泵可以在现场操作"启动/停止"按钮直接启动，也可以通过配电板上组合启动屏进行远程遥控启动。

【初始操作状态】
（1）主柴油发电机运行供电中。
（2）低温淡水系统已运行。

【训练目标】
（1）熟知主海水系统各组成设备及其功用。
（2）熟练主海水系统启动/停止操作。
（3）掌握主海水系统的运行管理及注意事项。

【训练内容】
（1）在 ID30 界面海水系统管路中，检查海水系统各阀件的开关状态，开启三部海水泵出口阀、中央冷却器进口阀和海水出海阀（to overboard）。根据不同海域与海况，正确选用两舷的高、低位海底阀，保证海水系统的畅通。海水系统管路开启高位海底门如图 3-1 所示。

（2）正确排除系统中的空气。当船舶在寒冷季节出坞时，通常主海水管系的空气很难快速排净，导致主海水泵排出压力波动，压力很难达到指定标准，此时可将自动调温阀的设定温度调到略低于海水温度，或者暂时取消自动调温阀的自动调温功能，手动关掉海水旁通管路使主海水泵的出口直接出海，待主海水系统正常时，立刻恢复自动调温阀的自动调温功能。

（3）按照正确的操作规程启动主海水泵（NO.1 海水泵电源在左主配电盘启动屏 ID70 1-1；NO.2 海水泵电源在右主配电盘启动屏 ID84 12-1；NO.3 海水泵电源在左主配电盘启动屏 ID71 2-1）。

（4）检查安装在系统中的自动或手动调温装置的效能，尽可能将海水温度调整在合适的范围内。

（5）定期进行备用泵自动切换效应测试。

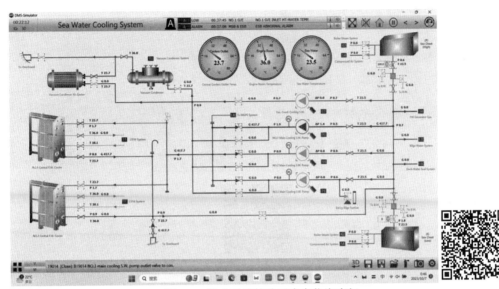

图 3-1　海水系统管路开启高位海底门

3.2　低温淡水冷却系统启动与运行管理

低温淡水冷却系统（LTFW cooling system）主要指在中央冷却系统中用于冷却主机缸套冷却水、主机滑油、主机空气冷却器及其他各种辅助机械的一种冷却系统，由于其所采用的冷却介质为淡水，冷却介质的温度较低（通常在 30~40 ℃），故该系统被称为低温淡水冷却系统。

低温淡水冷却系统经由中央冷却器直接与海水换热，并用以冷却其他介质，如主机滑油、主机高温淡水及蒸汽等。低温淡水冷却系统由 3 台低温淡水泵提供压头保持循环，膨胀水箱可以为低温淡水冷却系统补水，同时与低温淡水冷却系统的空气分离器相连接。

低温淡水冷却系统中通过一个温度控制器改变中央冷却器出口三通阀的开度，调节经过中央冷却器与旁通的水量比例，从而达到调节低温淡水温度的目的。

低温淡水冷却系统包含一套为副机暖机的副机高温淡水系统，它通过一对电加热低温淡水加热器和一对暖机水泵将加热后温度较高的暖机水通入副机缸套，达到暖机的目的。

本节操作训练平台为 DMS-2015B 轮机模拟器二维系统相关操作界面。

低温淡水冷却系统为船舶上大多数冷却器提供冷却介质，主要由 3 台低温淡水泵、各类设备换热器、2 台中央冷却器、1 台滑油冷却器、1 台高温淡水冷却器构成。并设有副机缸套水暖机管路及循环水泵、低温淡水膨胀水箱、温度控制器等。低温淡水冷却系统如图 3-2 所示。

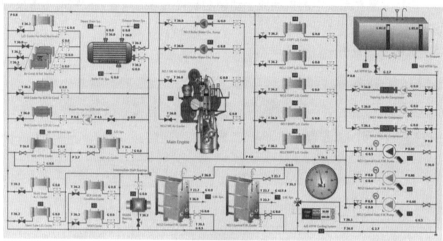

图 3-2　低温淡水冷却系统

发电机冷却水加热管系如图 3-3 所示。

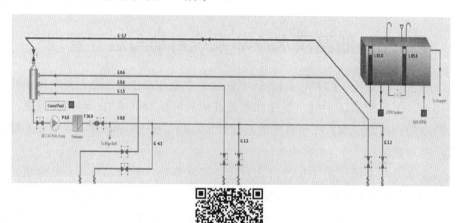

图 3-3　发电机冷却水加热管系

【初始操作状态】

主柴油发电机运行供电中。

【训练目标】

（1）熟知低温淡水冷却系统各组成设备及其功用。

(2)熟练低温淡水冷却系统的启动操作。
(3)掌握低温淡水冷却系统的运行管理。

【训练内容】

(1)在 ID31 界面低温淡水冷却系统中检查管路系统各阀件的开关状态,开启三部淡水泵出口阀和中央冷却器进口阀,并根据需要开启其他设备冷却水阀,保证冷却水的畅通,备车时应进行驱气和暖机。

(2)按照正确的操作规程启动冷却水泵(NO.1 低温冷却水泵电源在左主配电盘启动屏 ID70 1-2;NO.2 低温冷却水泵电源在右主配电盘启动屏 ID84 12-2;NO.3 低温冷却水泵电源在左主配电盘启动屏 ID71 2-2)。

(3)检查并确保冷却水工作压力正常(冷却水压力应高于海水压力)。

(4)检查安装在系统中的自动或手动调温装置的效能,确保冷却水工作温度在正常范围内,避免温度波动过大,发电机冷却水温差控制在合理范围内(不大于 12 ℃)。

(5)定期检查膨胀水箱的水位,必要时进行化验和投药。

(6)定期进行备用泵自动切换效应测试。

3.3 主机缸套水系统启动与运行管理

主机缸套水系统(M/E jacket water cooling system)又称主机高温淡水系统(M/E HTFW cooling system),其作用是冷却主机和增压器。主机缸套水系统主要包括膨胀水柜、缸套水泵、阀门、冷却器、缸套水预热器(泵)、自动调温装置及管系等。为了合理使用主机缸套水的余热,多数船舶在该系统中还增加了造水机,以实现海水淡化的目的。

主机高温淡水系统采用低温淡水作为冷却介质,因此主机高温淡水系统投入运行前需要首先将低温淡水冷却系统准备好,并保证高温淡水系统中 2 台高温淡水泵正常供电。

主机高温淡水系统通过高温淡水膨胀水箱进行补水,补水有两种方式,分别为手动和自动。膨胀水箱还与高温淡水空气分离器相连,分离出来的空气可以通过膨胀水箱释放。

主机高温淡水系统在主机备车时可用来为主机暖机,此时高温淡水系统的作用不是冷却而是加热。暖机操作首先需要打开高温淡水加热器的蒸汽进出口阀,并开启暖机循环水泵,使高温淡水反向进入主机缸套,达到暖机目的。

主机高温淡水系统还可以用于造水机加热端工质将海水加热蒸发,从而生产出符合机器使用要求的蒸馏淡水。通过调节高温淡水进入造水机管路上的阀件开度可以调节进入造水机与进入高温淡水冷却器的比例。

本章节操作训练平台为 DMS-2015B 轮机模拟器二维系统相关操作界面。

主机高温淡水系统由 1 台高温淡水冷却器、2 台高温淡水泵、1 台缸套水加热器、高温淡水膨胀水箱及相应管路和阀件组成。

【初始操作状态】

(1)主发电机两部并车运行中。

(2)主机备车中。

【训练目标】

（1）熟知主机缸套水系统各组成设备及其功用。

（2）熟练操作主机缸套水系统启动。

（3）掌握主机缸套水系统的运行管理。

【训练内容】

在 ID33 界面主机缸套水系统（图 3-4）中：

（1）检查管路系统各阀件的开关状态，打开冷却水泵出口阀，主机暖缸加热器进口阀（此时旁通阀暂时不开，等到主机运行后，停止暖缸加热器，开启旁通阀），主机缸套冷却回水阀，造水机旁通阀，缸套冷却器进口阀，保证冷却水的畅通，备车时应进行驱气和暖机。

（2）按照正确的操作规程启动主机缸套冷却水泵（NO.1 高温冷却水泵电源在左主配电盘启动屏 ID70 1-3；NO.2 高温冷却水泵电源在右主配电盘启动屏 ID84 12-3）。

（3）检查并确保冷却水工作压力正常。

（4）检查安装在系统中的自动调温装置的效能，确保冷却水工作温度在正常范围内，避免温度波动过大，主机冷却水温差控制在合适范围内（不大于 12 ℃）；开启造水机时，要注意避免造成冷却水系统温度变化过大。

（5）定期检查膨胀水箱的水位，必要时进行化验和投药。

（6）定期进行备用泵自动切换效应测试。

注意：主机完车后，正常情况下应对主机暖缸，若采用蒸汽加热器来加热主机缸套水系统，主机缸套水泵应保持继续运转；若采用发电柴油机的缸套水对主机暖缸，则主机缸套水泵应停止运转，并且相关的阀门应根据需要处于正确的开关位置。

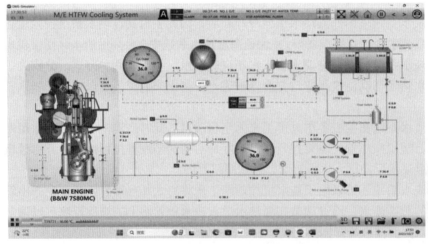

图 3-4 主机缸套水系统

3.4 发电柴油机冷却水系统启动与运行管理

发电柴油机冷却水泵多数采用机带泵，工作中要密切关注其工作压力。启动发电机前应检查冷却水温度，如果温度较低，需运行预加热装置。启动后注意观察滑油温度和进气温度，将滑油温度和进气温度调整在合理范围内。某些发电柴油机的空气冷却器设有高温侧和低温侧两级冷却器，当柴油机运行在低负荷时，低温侧的冷却器旁通，仅靠高温侧的冷却器来冷却增压空气；当发电柴油机工作在高负荷工况时，低温侧的冷却器投入工作，以确保进气温度在合理的范围内。

发电柴油机冷却水系统的作用是冷却副机的滑油冷却器、空冷器、透平、缸套和缸头，系统由 2 台轴带离心泵提供循环动力。

本节操作训练平台为 DMS-2015B 轮机模拟器二维系统相关操作界面。

滑油冷却器出口冷却水温度由温控器设定控制在 49 ℃，缸套水出口温度由温控器设定控制在 91 ℃。缸套水还设置独立电加热的暖缸加热器及管系和预热泵。

【初始操作状态】

（1）初次启动发电柴油机前应急发电机运行供电中。

（2）应急空气瓶充满空气。

【训练目标】

（1）熟知发电柴油机冷却水系统各组成设备及其功用。

（2）熟练发电柴油机冷却水系统启动操作。

（3）掌握发电柴油机冷却水系统的运行管理。

【训练内容】

在 ID32 界面发电机冷却水系统（图 3-5）中：

（1）检查管路系统各阀件的开关状态，开启发电柴油机冷却水进出阀，保证冷却水的畅通，备车时应进行驱气和暖机。

（2）开启预热水泵冷却水进出阀，开启预热水进出发电机阀门，按照正确的操作规程启动缸套预热水泵（电源在 AC 440 V 分配屏 ID45 P3-4）。

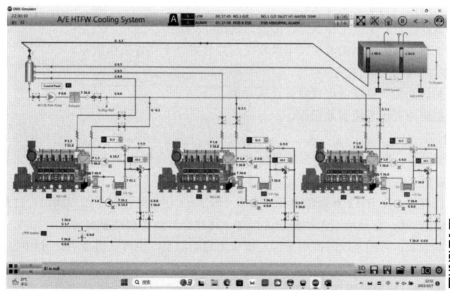

图 3-5　发电机冷却水系统

（3）检查并确保冷却水工作压力正常。

（4）检查安装在系统中的自动调温装置的效能，确保冷却水工作温度在正常范围内，避免温度波动过大。

（5）定期检查膨胀水箱的水位，必要时进行化验和投药。

（6）定期对温度、压力等报警与安保装置进行功能测试，确保它们始终处于良好的工作状态。

3.5 燃油驳运系统操作管理

燃油的驳运主要指的是将燃油储存舱或燃油溢流柜中的燃油通过燃油驳运泵驳至燃油沉淀柜，但有时为了尽量减少不同油品的混兑，也常常利用燃油驳运泵将某些油舱、油柜中所残存的燃油驳至其他油舱或油柜中，即所谓的燃油并舱。

本节操作训练平台为DMS-2015B轮机模拟器二维系统相关操作界面。

燃油驳运系统包含3个重油储存大仓、1个轻油储存大仓、重油沉淀柜、低硫分重油沉淀柜、重油日用柜、低硫分重油日用柜、轻油日用柜、应急发电机轻油柜、燃油锅炉点火油柜、燃油溢流柜、燃油驳运泵和燃油驳运备用泵。各柜之间可以通过驳运泵进行调驳。

【初始操作状态】

（1）对待驳运的油舱、油柜应提前加温预热，尽量保证驳运泵的吸口温度不低于30 ℃。

（2）根据实际情况尽量调大吃水差。

（3）在配电板组合启动屏上，合上启动箱的电源开关；控制方式开关转到"非自动"位置。

（4）确认进出口阀处于全开状态。

（5）确认滤器处于正常工作状态，必要时清洁。

（6）确认相关油舱、柜的液位显示及相关监控装置处于良好工作状态。

【训练目标】

（1）熟知燃油驳运系统各组成设备及其功用。

（2）掌握燃油驳运系统驳油操作。

【训练内容】

（1）电源准备：燃油驳运备用泵1号在ID71界面（组合启动屏2-3），燃油驳运泵2号在ID83界面（组合启动屏11-3）。

（2）阀门操作：在ID12界面燃油驳运系统（图3-6）中打开油泵进出口阀门，打开待驳出油柜的出口阀，打开待驳入油柜的进口阀，将油温加热到合适温度。

（3）启动油泵：可在系统界面用鼠标左键单击启动油泵，也可在组合启动屏相应位置遥控启停油泵。

（4）观测参数：观察油泵压力、流量等参数的显示，注意相应油柜液位温度的变化。

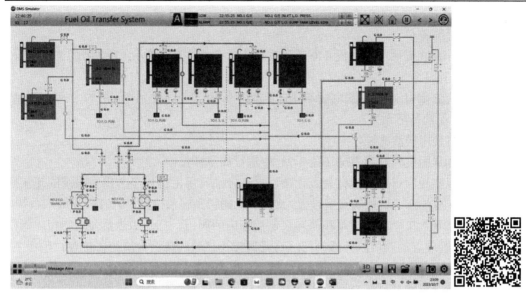

图 3-6 燃油驳运系统

3.6 主机燃油系统运行管理

主机燃油系统的作用是向主机燃油喷射设备提供一定压力、黏度合适的燃油，供主机燃烧。主机燃油系统由燃油供给系统和燃油喷射系统组成。

燃油供给系统主要功能是向主机和副机供给燃油。燃油供给系统除能够满足 1 台主机的供油外，也可同时满足 3 台副机的供油；3 台副机的燃油除可以由主供油单元供给外，也可由一单独设置的轻油泵供给。

燃油喷射系统由喷油泵、喷油器和高压油管组成，其作用是定时、定量地向燃烧室内喷入雾化良好燃油，保证燃烧过程的进行。

本节操作训练平台为 DMS-2015B 轮机模拟器二维系统相关仿真操作界面。

【初始操作状态】

（1）燃油系统管路中相关的阀件开关正确。
（2）控制面板各开关都在相应的正确位置。
（3）发电机供电，配电板 440 V 负载屏供电正常。
（4）黏温控制开关应置于黏度控制，黏度设定在工作范围之内。
（5）燃油分油机工作正常。
（6）燃油锅炉安全运行中。
（7）系统所设的互为备用的供给泵和循环泵（增压泵）均可交替使用。
（8）燃油管路各个滤器及自动反冲洗滤器工作正常。

【训练目标】

（1）熟知主机燃油系统各组成设备及其功用。
（2）掌握主机燃用轻油的供油操作。
（3）掌握主机燃用重油的供油操作。

【训练内容】

1. 电源准备

（1）在 ID73 界面主配电板 440 V 负载屏 4-1，供电主燃油单元（1，2 号燃油供给泵，1，2 号燃油循环泵）。

（2）或在 ID81 界面主配电板 440 V 负载屏 9-1，供电主燃油单元（1，2 号燃油供给泵，1，2 号燃油循环泵）。

2. 主机使用轻油的操作

在 ID10 界面主机燃油系统（图 3-7）中进行如下操作：

（1）观察轻油日用柜油位是否正常，打开轻油日用柜出口至主供油系统的速闭阀，将主机轻油/重油三通转换阀开度设置为 0%，此阀转到轻油位置，只有轻油进入系统。

（2）打开主机燃油供给泵和循环泵前后相应的阀门，打开加热器前后的相应阀门，打开黏度控制装置的阀门或旁通阀门，将滤器转换三通阀转至自清滤器位置，确保主机燃油进口和出口的速闭阀门处于开启状态。

（3）将主机回油至混油筒的三通阀转至混油筒位置。

（4）启动 1 号燃油供给泵，将 2 号燃油供给泵转至"AUTO"模式，启动 1 号燃油循环泵，将 2 号燃油循环泵转至"AUTO"模式。

（5）观测各泵出口压力、流量及主机进口压力等参数是否正常。

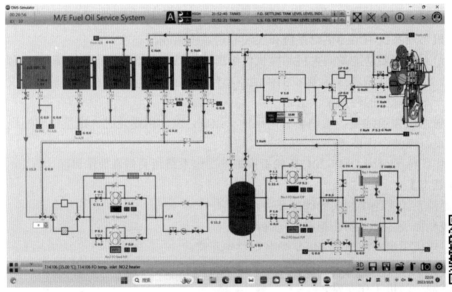

图 3-7 主机燃油系统（主机使用轻油）

3. 主机使用重油的操作（主机从燃用轻油转到燃用重油）

在 ID10 界面主机燃油系统（图 3-8）中进行以下操作：

（1）换重油前，确保蒸汽供给正常，打开燃油加热器蒸汽进口阀门。

（2）观测重油日用柜或低硫重油日用柜的液位及温度，确保温度在 80 ℃左右。

（3）打开日用柜至轻油/重油三通转换阀的相关阀门；将黏度控制器转至"AUTO"模式，黏度设定值设为 13 cst。

（4）将轻油/重油三通转换阀的开度从 0%缓慢调整到 100%，观察黏度变化，以免黏度值超限。

（5）当轻油/重油三通转换阀的开度打到 100%时，轻重油转换完毕，系统在黏度控制器作用下控制蒸汽调节阀，进而使黏度稳定在设定值附近，主机燃用重油运行。

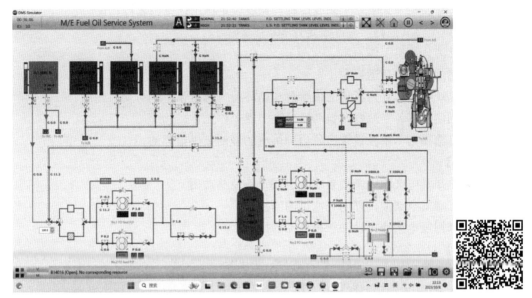

图 3-8 主机燃油系统（主机从燃用轻油转到燃用重油）

注意：

（1）不同的燃油品种，加热的温度应不同，防止轻油升温汽化而造成机械部件的故障。

（2）转换时进机温差不可超过 20 ℃。

（3）在整个换油过程中，除了要关注燃油的温度外，还要注意，尽量不要使系统中燃油的黏度低于 2 cst。

（4）在进出排放限制区域（ECA）时，除了采用正确的换油措施外，还应将换油开始及结束的时间、船位及船上存油情况按照要求做好记录存档备查。

3.7　发电柴油机燃油系统运行管理

现在船舶发电柴油机的燃油系统大多与主机共用同一个燃油单元，其燃油系统的运行管理与主机相同。但是，由于船上发电柴油机都是配置多台，它们往往互为备用，经常交替使用，所以发电柴油机的燃油系统比主机的燃油系统又多了单独的柴油供应系统，这样设计的目的是为了保证发电柴油机可以不依赖公用的燃油单元而可以依靠独立的柴油供给系统独立工作，为发电柴油机独立换油带来方便。此外，该独立的柴油供给系统往往还设有一个应急电源供电的柴油泵，以备当主燃油系统失压后，应急柴油泵能够立即投入工作，确保船舶的电力供应。

本节操作训练平台为 DMS-2015B 轮机模拟器二维系统相关操作界面。

【初始操作状态】

（1）燃油系统管路中相关的阀件开关正确。

（2）控制面板各开关都在相应的正确位置。

（3）发电机供电，配电板 440 V 负载屏供电正常。

（4）黏温控制开关应置于黏度控制，黏度设定在工作范围之内；使用轻油时，黏温控制开关应置于温度控制，温度设定在 30 ℃左右。

（5）燃油分油机工作正常。

（6）燃油锅炉安全运行中。

（7）系统所设的互为备用的供给泵和循环泵（增压泵）均可交替使用。

（8）燃油管路各个滤器及自动反冲洗滤器工作正常。

（9）可选择由一单独设置应急电源供电的轻油泵供给燃油。

【训练目标】

（1）熟知发电柴油机燃油系统各组成设备及其功用。

（2）掌握发电柴油机燃用轻油供油的操作。

（3）掌握发电柴油机轻油转换重油的操作。

【训练内容】

1. 发电机燃用轻油

（1）在 ID64 界面应急配电板 440 V 负载屏 2-4 上，合闸轻油供给泵电源。

（2）在 ID11 界面发电机燃油系统（图 3-9）中，观察轻油日用柜油位是否正常，打开轻油日用柜至发电机轻油泵的相关阀门。

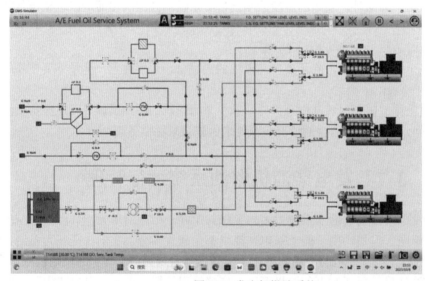

图 3-9　发电机燃油系统

（3）打开发电机燃油/轻油三通转换阀，打开燃油进机阀和燃油速闭阀，确保发电机轻油泵前后管路通畅。

（4）启动发电机轻油泵，观察压力、流量等参数。

2. 发电机轻油转用重油

（1）在 ID10 界面主机燃油系统中，打开自发电机供油系统回油到重油日用柜的进口阀。

（2）接着在 ID11 界面发电机燃油系统中，开启自主供油系统到发电机的相应阀门。

（3）将发电机进机轻油/重油三通转换阀打到重油位置即可。

（4）各发电机换油完毕后，在 ID11 界面发电机燃油系统中停止发电机轻油供给泵。

3.8 燃油净化系统操作与管理

船上燃油净化的方法主要包括：沉淀、滤清和离心分离。

沉淀主要在燃油储存舱、燃油沉淀柜及燃油日用柜中进行，其原理就是利用燃油、水及杂质的密度差依靠重力自然分离。为了保证良好的分离效果，首先应保证各个沉淀环节适当的加温，达到良好的分离效果。其次，应按时对燃油沉淀柜及燃油日用柜进行放残，尽可能除去残留在柜中的水分。再次，在加油及燃油的使用过程中，尽可能地避免混油，以避免产生过多额外的杂质。最后，应定期清洁燃油储存舱、燃油沉淀柜及燃油日用柜，以便除去日常较难除去的残留在舱柜中的杂质。

滤清主要是由装设在系统中的多个粗细滤器来完成。滤器的状况直接影响柴油机的工作性能。所以，为了保证滤器的良好工作性能及延长其使用寿命，除了使系统工作在要求的压力情况下之外，还应对滤器进行如下维护保养工作：定期清洗，避免产生过大的压差；正确安装，避免装反及安装不正确所造成的变形，以使其处在正常的工作条件；及时更换，对破损的滤芯必须立即更换。另外，在燃油滤器中往往设有放气阀和放残阀，如果装设放残阀，也应定期打开检查，以除去混入燃油日用系统中的水分。

离心分离是船上燃油处理的核心环节及重要手段，离心分离效果的好坏直接影响日用燃油的质量。目前船上主要借助离心式分油机来净化燃油。为了保证离心式分油机良好的工作性能，除了对其进行正确的维修保养外，正确的操作也非常关键，由于误操作导致分油机工作性能恶化甚至损坏也时有发生。

根据实际需要，可选择单台工作、两台串联（前者作为分水机，后者作为分杂机）和两台并联（每台 50%工作流量）工作。

本节操作训练平台为 DMS-2015B 轮机模拟器二维系统相关操作界面。

燃油净化系统主要包括 2 台燃油分油机，其中 1 号燃油分油机也可以用来分离轻油操作。燃油净化系统包括的油柜有重油沉淀柜、低硫分重油沉淀柜、重油日用柜、低硫分重油日用柜、轻油日用柜，轻油储存大仓，燃油油渣柜。

【初始操作状态】

（1）分油机给水压力和空气压力正常。

（2）分油机齿轮箱油位正常。

（3）油路各阀开启正常。

（4）配电板负载屏供电正常。

（5）燃油沉淀柜油位正常。

【训练目标】

（1）熟知燃油净化系统各组成设备及其功用。

（2）掌握燃油分油机手动启动与停止操作。

（3）掌握燃油分油机自动启动操作。

（4）掌握燃油分油机手动排渣操作。

【训练内容】

1. 燃油净化操作程序

在 ID14 界面 No.1 分油机（图 3-10）中，进行以下操作：

（1）电源准备：供电 1 号燃油分油机（在 ID72 界面 440 V 负载屏 3-3）；供电 2 号燃油分油机（在 ID82 界面 440 V 负载屏 10-3）。

（2）其他介质准备：确保压缩空气、淡水、蒸汽供应正常。

（3）阀门操作：根据实际使用需要，打开油柜至分油机进油管路的各阀门；打开各分油机回油管路至油柜的相应阀门；打开各分油机净油出口至油柜的相应阀门；确保进油、回油、净油管路通畅。

（4）启动分油机：将分油机控制箱电源开关置于"ON"位置，参见分油机具体操作程序。

（5）观测参数：观察油泵压力、流量等参数的显示，注意相应油柜液位温度的变化。

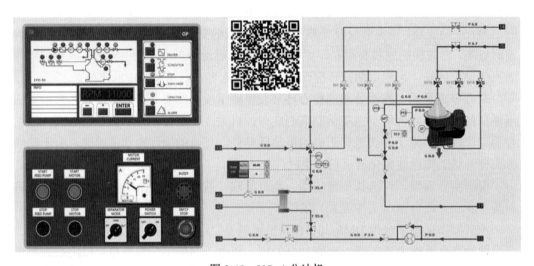

图 3-10　NO.1 分油机

2. 分油机操作程序

（1）手动启动分油机。

进行手动操作前，需将分油机操作模式选择开关旋至"MAN"位置。

①开启压缩空气系统至电磁阀组 SV1、SV4、SV5 的截止阀。

②开启日用淡水系统至电磁阀组 SV10、SV15、SV16 的截止阀。

③开启供油泵前截止阀及沉淀柜至分油机和分油机至日用柜的相关阀件。

④按下供油泵启动绿色按钮，绿色指示灯点亮，观察控制器上油泵指示灯及油泵压力和流量。

⑤在控制器上按下加热"HEATER"按钮，启动加热器加热燃油。

⑥按下"START MOTOR"按钮，注意观察分油机马达电流表读数变化。

⑦按下控制器上"SEPARATION"按钮，注意观察控制器窗口显示内容，此时窗口应交替显示马达转速数值和"START"字样。

⑧通过按"+"按钮在显示屏上调出"Tin"来检查供油温度，待油温加热到98 ℃。

⑨当分油机马达转速达到稳定值10 000 r/min，油温和油压正常，此时控制器窗口将显示"STANDBY"字样，此时再次按下"SEPARATION"按钮，分油机进入分油时序，启动程序结束。

⑩调整背压至正常工作值。

（2）分油机正常分油净化时的运行状态显示。

①加热器运转指示灯亮（绿灯）。

②分油工作指示灯亮（绿灯）。

③EPC控制系统激活指示灯亮（绿灯）。

（3）停止系统。

①在分油机面板上按"SEPARATION"按钮停止分油机。

②表示分油机停止程序启动的黄色指示灯闪烁。

③排渣进行。

④停止程序灯变成稳定的黄灯，当排渣结束时，表示分油机工作的绿灯熄灭。

⑤显示"STOP"。

⑥加热器的电源自动被断开。

⑦当供油温度开始下降的时候，供油泵电源自动关闭。

⑧分油机马达电源自动被断开。

⑨当分油机完全静止时，显示"STANDST"。

（4）自动模式启动分油机。

在自动模式下操作分油机，需将分油机操作模式选择开关旋至"AUTO"位置。

①开启压缩空气系统至电磁阀组SV1、SV4、SV5的截止阀。

②开启日用淡水系统至电磁阀组SV10、SV15、SV16的截止阀。

③开启供油泵前截止阀。

④在分油机面板上按"SEPARATION"按钮启动自动操作程序。

⑤供油泵自动启动。

⑥加热器自动启动。

⑦分油机马达自动启动。

⑧当油温、油压及马达转速达到设定值时，系统会自动进入分离模式，显示"SEPARATION"。

(5)手动排渣。

分油机操作模式选择开关旋至"MAN"位置,系统正常运转时,按下"DISCHARGE"按钮,系统进入排渣时序。

①SV1 动作,进油阀自动关闭。
②SV15 动作,进入水封水。
③SV10 短时通电,进入开启水,排渣口打开排渣。
④SV16 动作,进入关闭水,排渣口关闭。
⑤SV15 动作,进入水封水。
⑥排渣完成后 SV1 动作,进油阀打开,进入正常"分油"时序。

注意:
(1)当燃油较脏时,可进行分油机手动排渣。
(2)出现紧急情况时,可按分油机紧急停止按钮。
(3)出现警报时,应及时按压主警报复位按钮,并根据显示排除故障。

3.9 主滑油系统操作与管理

主机滑油系统由两部分组成。一是气缸油润滑系统,主机气缸润滑系统广泛采用电子气缸注油系统,该系统主要由气缸油柜、泵站、气缸注油器、曲柄转角编码器、转速采集传感器、负荷变送器、ALCU 控制单元和人机接口(HMI)与反馈机构等组成;二是曲轴箱滑油系统,主要由滑油储存柜(日用柜)、沉淀柜、滑油泵、粗细滤器、管系、阀、滑油循环柜及热交换器所组成。

本节操作训练平台为 DMS-2015B 轮机模拟器二维系统相关操作界面。

主机滑油系统主要功能包括向主机供给主轴承滑油,凸轮轴滑油,活塞杆润滑油及气缸润滑油等。系统中设置有 2 台主滑油泵,2 台凸轮轴滑油泵,主滑油冷却器,自清滤器,气缸油柜和主机滑油循环柜等。

【初始操作状态】
(1)滑油循环柜液位在要求的范围内。
(2)气缸油柜液位在要求的范围内。
(3)配电板负载屏供电正常。
(4)主机备车中。
(5)滑油滤器正常。

【训练目标】
(1)熟悉主滑油系统各组成设备及其功用。
(2)掌握主轴承滑油供油操作。
(3)掌握凸轮轴滑油供油操作。
(4)掌握气缸润滑油供油操作。

【训练内容】
在 ID20 界面主机滑油系统及气缸油系统(图 3-11)中,进行如下操作:

1. 主滑油系统操作

（1）电源准备：供电 1 号主滑油泵（在 ID70 界面组合启动屏 1-4）；供电 2 号主滑油泵（在 ID84 界面组合启动屏 12-4）；供电 1 号凸轮轴滑油泵（在 ID70 界面组合启动屏 1-5）；供电 2 号凸轮轴滑油泵（在 ID84 界面组合启动屏 12-5）。

（2）观察主机滑油循环柜，气缸油日用柜液位及温度是否正常，确保冷却器淡水供应正常。

（3）在 ID20 界面主机滑油系统及气缸油系统中，打开滑油泵出口阀，冷却器滑油进口阀，自清滤器或旁通滤器进口阀，凸轮轴滑油泵进口阀。将滑油温度控制器控制模式转换为 "AUTO" 模式，设定温度值为 45 ℃。

（4）在 ID20 界面主机滑油系统及气缸油系统中，启动 1 号主机滑油泵和 1 号主机凸轮轴滑油泵，也可在组合启动屏手动或自动控制相关油泵。

（5）观测泵后流量压力，加热器后温度，进机滑油压力流量，滑油循环柜温度等参数变化。

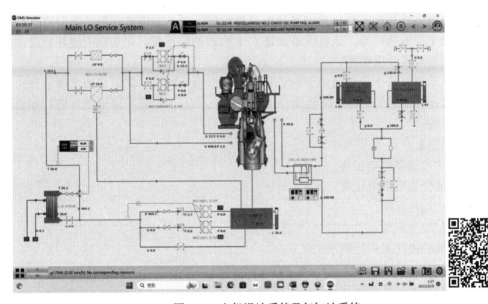

图 3-11 主机滑油系统及气缸油系统

2. 气缸油系统操作

（1）在 ID20 界面主机滑油系统及气缸油系统中，打开气缸油柜至气缸润滑油增压单元的相关阀门，即气缸油柜出口阀和流量计进口阀。

（2）打开气缸油回油至油柜的相关阀门，即回油流量计进口阀和对应的气缸油柜进口阀。

（3）合上 ID82 界面 440 V 负载屏 10-10 上的开关，为气缸油增压单元供电，该设备默认自动启动。

（4）打开气缸油增压单元，转换手动模式启动气缸油泵，观察气缸油流量等参数变化。

3.10 滑油驳运与净化系统操作与管理

系统滑油的驳运通常是指将滑油循环柜中的滑油通过分油机或者滑油驳运泵驳运至滑油沉淀柜中,或者是通过分油机或者滑油驳运泵将滑油沉淀柜中的滑油驳运至滑油循环柜中。

滑油的净化主要是利用设在系统中的多个粗细滤器来进行过滤及通过滑油分油机进行离心分离来实现。离心分离也是船上滑油处理的核心环节及重要手段,离心分离效果的好坏直接影响系统滑油的质量。目前船上主要也是借助离心式分油机来净化滑油。为了保证离心式分油机良好的工作性能,除了对其进行正确的维修保养外,正确的操作也非常关键,由于误操作导致分油机工作性能恶化甚至损坏的情况也时有发生。为了使分油机处于良好的工作状态,与燃油分油机一样,在使用过程中也要注意其操作规程。

本节操作训练平台为 DMS-2015B 轮机模拟器二维系统相关操作界面。

滑油驳运系统包含主机滑油储存柜,主机滑油沉淀柜,副机滑油储存柜,副机滑油沉淀柜,主机滑油循环柜,尾轴滑油循环柜,废油柜,透平滑油储存柜,各发电机滑油循环柜和各透平滑油循环等。该系统还设置了 1 台滑油驳运泵,可实现上述各柜滑油的调拨,或将某柜滑油驳出舷外。

滑油净化系统包括 2 台主滑油分油机和 1 台辅滑油分油机,其中 2 台主滑油分油机可用于净化其他各油柜的滑油,辅滑油分油机只用于净化 3 台副机滑油循环柜和副机滑油沉淀柜的滑油。

【初始操作状态】
(1)滑油驳运泵供电正常。
(2)滑油分油机供电正常。
(3)蒸汽加热正常。
(4)控制空气正常。
(5)分油机操作水和控制水正常。

【训练目标】
(1)熟知滑油驳运与净化系统各组成设备及其功用。
(2)掌握滑油驳运操作。
(3)掌握滑油净化操作。

【训练内容】
1. 滑油驳运

在 ID22 界面滑油驳运系统(图 3-12)中,进行滑油驳运操作。
(1)电源准备:供电滑油驳运泵电源(在 ID83 界面组合启动屏 11-2)。
(2)阀门操作:打开油泵进出口阀门,打开待驳出油柜的出口阀,打开待驳入油柜的进口阀;将油温加热到合适温度。
(3)启动油泵:可以在系统界面单击鼠标左键启动油泵,也可以在右 1 号组合启动屏 ID83 界面 11-2 按"START"按钮。
(4)观测参数:观察油泵压力、流量等参数的显示,注意相应油柜液位及温度的变化。

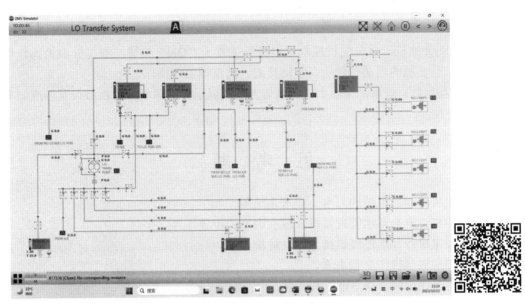

图 3-12 滑油驳运系统

2. 滑油净化

在 ID23 界面滑油净化系统（图 3-13）中，进行滑油净化操作。

（1）电源准备：供电 1 号主滑油分油机（在左 1 号 440 V 负载屏 ID72 界面 3-4）；供电 2 号主滑油分油机（在右 2 号 440 V 负载屏 ID82 界面 10-4）；供电辅滑油分油机（在右 2 号 440 V 负载屏 ID82 界面 10-9）。

（2）其他介质准备：确保压缩空气、淡水、蒸汽供应正常。

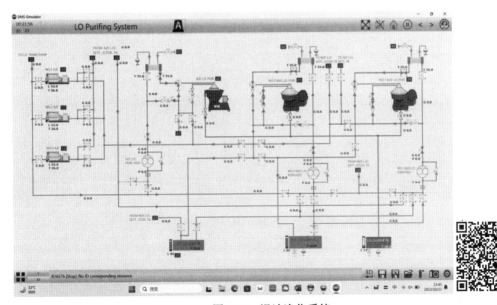

图 3-13 滑油净化系统

（3）阀门操作：根据实际使用需要，打开油柜至分油机进油管路的各阀门；打开各分油机回油管路至油柜的各阀门；打开各分油机净油出口至油柜的各阀门；确保进油、回油、净油管路通畅。

（4）启动分油机：将分油机控制箱电源开关置于"ON"位置，参见分油机操作程序，实现滑油分油机的启动、停止、手动排渣、流量调整等操作。

（5）观测参数：观察油泵压力、流量等参数的显示，注意相应油柜液位及温度的变化。

思 考 题

1. 画出中央冷却器系统的海水、淡水系统图。
2. 简述主机缸套冷却水管理要点及温度调节的步骤。
3. 简述发电机冷却水温度过高原因及解决方法。
4. 简述燃油驳运操作注意事项。
5. 简述主机燃油轻油换重油过程步骤。
6. 简述发电机燃油换油的操作过程。
7. 简述分油机的工作原理及工作过程。
8. 主机滑油系统及气缸油系统由哪几个部分组成？
9. 滑油分油机启动程序是什么？有哪些报警设置？

第4章 主机备车与定速航行

4.1 主机备车操作

主机备车通常是指在船舶开航之前,为保证船舶动力装置及相关设备处于随时都能启动和投入运行状态而进行的一系列准备工作。柴油机经长期或短期停车后,开航前必须进行备车。当船舶在特殊水域、特殊气象条件、过运河以及关键航行中设备发生故障时,根据船长或轮机长的指令也需要备车。根据柴油机功率不同,经短期停车后的备车持续时间在 0.5～6 h 之间。由于机型、辅助设备及动力装置的布置不完全相同,备车的工作内容和顺序也不尽相同。备车的基本内容包括:供电准备,各动力系统准备,暖机,校对时钟、车钟,校对舵机,盘车、冲车和试车等(盘车、冲车和试车等教学训练内容将在本章4.2节中阐释)。备车的主要目的是确保主机运转灵活,动力系统保证油、水、气、汽、电供给充足,控制系统工作正常,热工参数值处于正常工作范围。

本节操作训练平台为 DMS-2015B 轮机模拟器二维系统相关操作界面。

【初始操作状态】

(1)船舶于码头或锚地停泊状态。

(2)NO.1 主柴油发电机在网发电,发电机系统置于"AUTO"模式,柴油机燃油系统运行于主油路系统,油品已换重油(F.O)(于相关系统界面上已经完成正确操作,涉及界面:ID10、ID11 界面副机燃油系统及主燃油系统,ID70～ID76/ID80～ID86 界面主配电板 L/R(main switchboard L/R),ID60～ID65 界面应急配电板(emergency switchboard),ID45、ID46 界面配电盘 A/B(distribute panel A/B)等)。

(3)海水冷却系统(sea water cooling system)已经运行(在 ID30 界面上已完成准备操作),低温淡水冷却系统针对副机冷却环节线路已经正常运行(在 ID31 界面上已完成操作)。

(4)2 台燃油锅炉运行于"蒸汽低压、自动燃烧、主辅协同",燃用重油(于相关系统界面上已经完成正确操作,涉及界面:ID40～ID42 界面蒸汽系统(steam system))。

【训练目标】

(1)掌握正常备车的步骤及要领。

(2)掌握轮机主动力及辅动力系统和设备的正常运行的操作程序和管理方法。

(3)掌握驾驶台与机舱联系制度,完成主机的正常备车。

【训练内容】

轮机部值班人员接到驾驶台"备车"指令后,应立即通知轮机长、值班轮机员和有关人员进入机舱依次进行以下各项准备工作。

1. 船舶电力系统的准备

在备车过程中,需启动空压机、淡水泵、电动辅助鼓风机、锚机或绞缆机、舵机等设备,用电负荷将大增,为保证船舶电网保持足够的安全裕量,需要启动备用发电机组,至少保持 2 台主发电机并电运行。发电柴油机的操作与管理详见本书 2.2 节。

（1）在 ID51 界面上启动 2 号主柴油发电机组（NO. 2 A/E system）。

（2）在 ID76 界面并车控制屏（synchro & bus tie CB panel）上完成 2 台主发电机组手动并车，并将船舶电站置于"MANUAL"模式，防止电站自动解列。主发电机仿真并车控制屏显示的双机并电状态如图 4-1 所示。

图 4-1 主发电机仿真并车控制屏显示的双机并电状态

2. 主机动力辅助系统的准备

船舶动力系统是船舶推进装置的基本组成部分，动力系统工作的好坏直接影响船舶的正常营运。对船舶动力系统的基本要求是：提供合格的工作介质（油、水、气、汽），工作参数可调且工作在允许的范围内，无泄漏现象，应急情况下应有备用系统。主机动力辅助系统包括冷却水系统（包括海水冷却系统、低温淡水冷却系统、高温淡水冷却系统）、压缩空气系统（包括启动压缩系统、控制空气系统）、燃油系统、滑油系统（包括主机滑油系统、艉轴管滑油系统）以及蒸汽系统等。

以上所涉及各个主动力辅助系统的运行操作及管理详见本书第 3 章。以下只简单阐释相关系统准备完成的正确状态和显示。

（1）海水冷却系统的准备。

海水冷却系统的准备应该在船舶主电力启动后随即完成操作，在 ID30 界面"Sea

Water Cooling System"中海水冷却系统正常运行状态如图 4-2 所示。冷却海水由 3 台主冷却海水泵（main cooling SW pump）（3 台泵置于自动互为备用，冷却海水压力过低将自动启动备用泵浦）吸自海底门（高位或低位）输送至 2 台中央冷却器（central F. W cooler）（互为备用）将低温淡水冷却后大部分排出舷外，一部分循环回海水泵吸入端用于调节海水冷却温度。

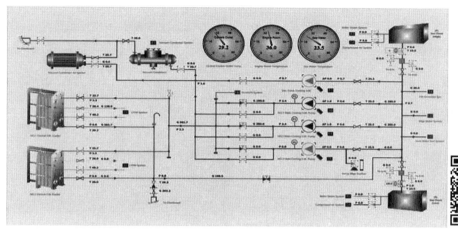

图 4-2 海水冷却系统正常运行状态

（2）低温淡水冷却系统的准备。

低温淡水冷却系统主要指在中央冷却系统中用于冷却主机缸套冷却水、主机滑油、主机空气冷却器及其他各种辅助机械的一种冷却系统，其冷却介质为淡水，温度较低，通常在 30～40 ℃。

在 ID31 界面低温淡水冷却系统中进行准备操作，其正常运行状态如图 4-3 所示。

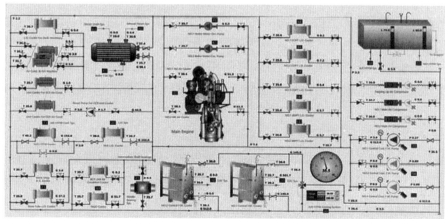

图 4-3 低温淡水冷却系统正常运行状态

（3）主机高温淡水冷却系统的准备和暖机。

高温淡水冷却系统又称主机缸套水冷却系统。其作用是冷却主机缸套、缸头、增压器等部件，同时为造水机的蒸发器提供热源。其淡水温度较高，在主机运转期间一般保持出机温度在 80 ℃，在备车过程中，开启暖缸蒸汽加热器，将主机缸套水主要流经暖缸加热器，将主机缸套水循环加温至 65 ℃左右，对主机执行暖缸。

在 ID33 界面主机高温淡水冷却系统中进行准备操作，并执行暖机，其正常运行状态如图 4-4 所示。

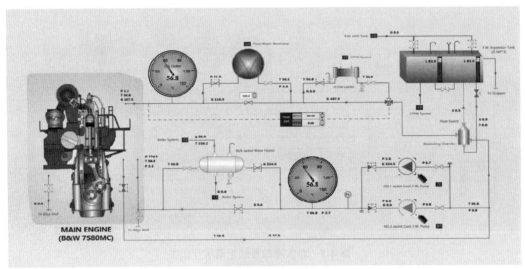

图 4-4　主机高温淡水冷却系统正常运行于暖机状态

（4）压缩空气系统的准备。

压缩空气系统的作用是为主机提供启动空气、控制空气，同时为船舶其他辅助设施提供控制空气和日用空气。主空气瓶及应急气瓶的压力应保持在 2.0～3.0 MPa，控制空气和日用空气一般维持在 0.7 MPa。在 ID53 界面和 ID54 界面压缩空气系统中完成准备操作，压缩空气系统正常运行状态如图 4-5 所示，正常供气的压缩空气分配系统如图 4-6 所示。

（5）燃油系统的准备。

燃油供给系统主要功能是向主机和副机供给燃油。燃油供给系统除能够满足 1 台主机的供油外，也可同时满足 3 台副机的供油；3 台副机的燃油除可以由主供油单元供给外，也可由一单独设置的轻油泵供给。

在 ID10 界面主机燃油日用系统（M/E fuel oil service system）中完成主机燃油系统的准备。

主机燃油系统正常运行状态如图 4-7 所示，并且当前燃油系统运行轻柴油（D.O）。

（6）主机滑油系统的准备。

在 ID20 界面主滑油供给系统中完成准备操作，主机滑油系统正常运行状态如图 4-8

所示。

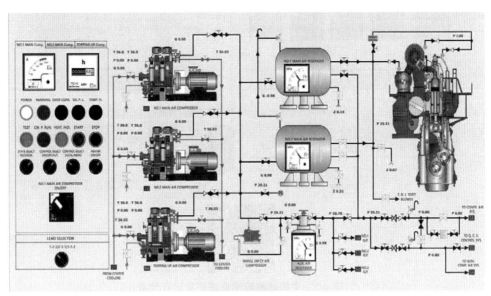

图 4-5 压缩空气系统正常运行状态

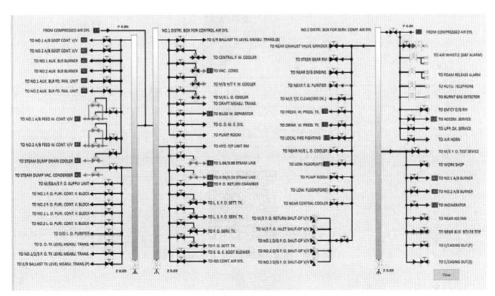

图 4-6 正常供气的压缩空气分配系统

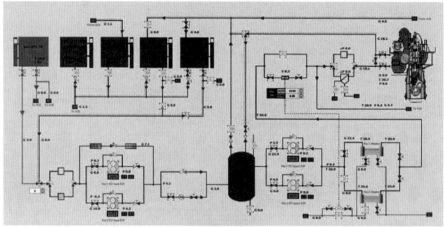

图 4-7　主机燃油日用系统正常运行状态

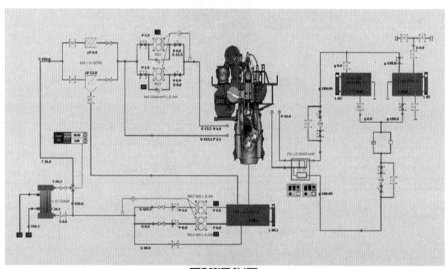

图 4-8　主机滑油系统正常运行状态

（7）艉轴管滑油系统。

艉轴管滑油系统（stern tube LO system）的功能是实现艉轴的密封与润滑。在 ID21 界面艉轴管滑油系统中完成准备操作。艉轴管滑油系统正常运行状态如图 4-9 所示。

（8）蒸汽系统。

蒸汽系统为主、副机及燃油锅炉的燃油系统提供加温蒸汽，保证日用燃油达到适合燃烧的最佳黏、温指标，另外为各个燃油、滑油、污油柜加温，以及为油液管路提供追随加热，使油液温度达到适宜范围便于被连续输送。

在 ID40 界面锅炉燃油系统，ID41 界面锅炉给水系统，ID42 界面锅炉蒸汽分配系统中完成准备操作。锅炉燃油系统正常运行于低压状态如图 4-10 所示，锅炉蒸汽分配系统正常运行状态如图 4-11 所示。

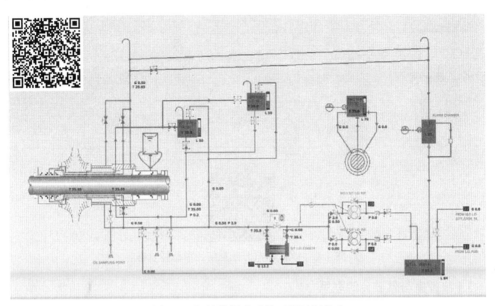

图 4-9　艉轴管滑油系统正常运行状态

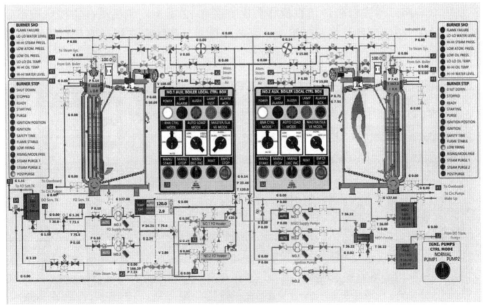

图 4-10　锅炉燃油系统正常运行于低压状态

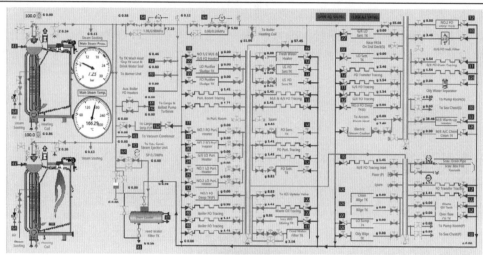

图 4-11 锅炉蒸汽分配系统正常运行状态

3. 集控室与驾驶台的联系

（1）通知备车。

驾驶员在驾驶室电话通知机舱备车，并按下副车钟上的备车"S/B"按钮，按钮灯闪烁、蜂鸣器响声，驾驶台车钟仿真操作界面如图 4-12 所示。轮机员在集控室按下副车钟上备车"S/B"按钮应答，按钮灯平光，蜂鸣声停息，集控台车钟仿真操作界面如图 4-13 所示。

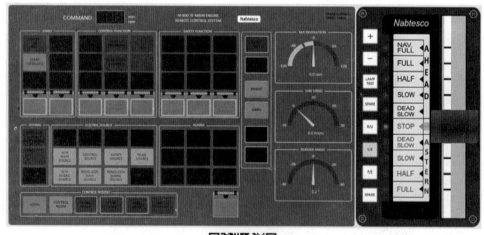

图 4-12 驾驶台车钟仿真操作界面

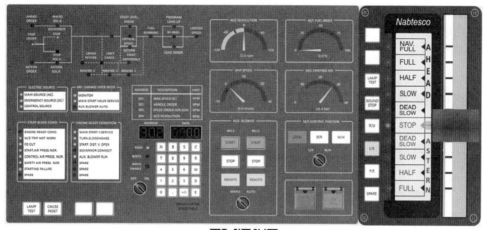

图 4-13 集控台车钟仿真操作界面

（2）校对车钟和船钟。

检查核对驾驶室和集控室的船钟，确保两处时间显示正确且一致。

校对车钟：检查驾控/集控主副车钟的联系效用；检查驾控/机旁应急车钟的联系效能。机旁应急车钟仿真操作界面如图 4-14 所示。

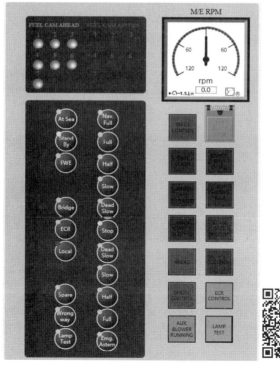

图 4-14 机旁应急车钟仿真操作界面

DMS-2015B 模拟器仿真主机 MAN B&W 7S80MC 和遥控系统 Nabtesco M-800 的主车钟采用油门和车令发送二合一车钟，因此校对车钟时，应确保盘车机合上、辅助鼓风机置于手动停机和主启动阀关闭，以确保主机不会误启动。

（3）启动舵机并校对舵机。

在 ID110 界面液压舵机机旁控制箱上启动液压舵机系统。并将舵机液压系统操作方式置于驾驶室遥控"REMOTE"模式，将操舵地点置于驾驶室操舵台"W/H"。液压舵机机旁控制箱仿真操作界面如图 4-15 所示，液压舵机系统仿真操作界面如图 4-16 所示。

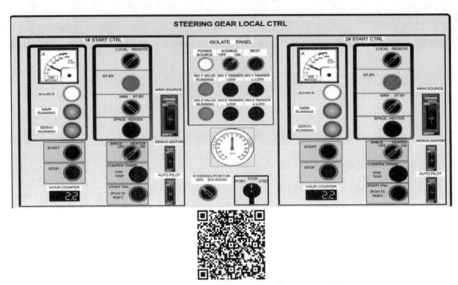

图 4-15　液压舵机机旁操控箱仿真操作界面

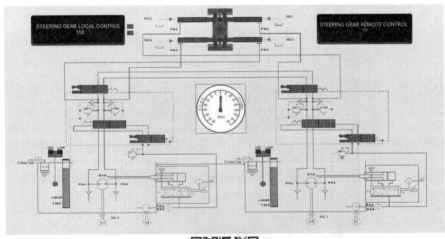

图 4-16　液压舵机系统仿真操作界面

将驾驶台操舵仪置于手动"NFU"位置,左右(P/S)扳动"NFU"旋钮,手动操舵,观察操舵仪在左舵、右舵、小舵角、大舵角、满舵时,舵机房实际舵角是否与驾驶台操舵仪设定舵角保持一致。同时观察舵机转舵速度是否符合要求。驾驶室舵机操控台仿真操作界面如图 4-17 所示。

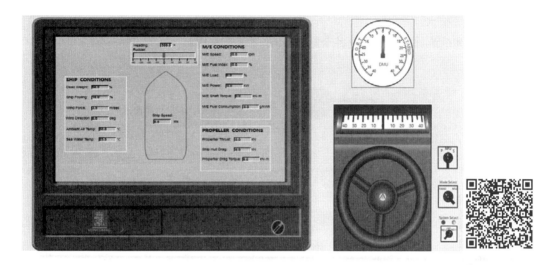

图 4-17　驾驶室舵机操控台仿真操作界面

4.2　主机的启动及操作

船舶在进出港、靠离码头等机动航行时,主推进装置必须进行机动操作。机动操作时可能进行主柴油机的启动、变速、停车和换向操作,工况变化频繁、操作要求高。而此时柴油机的各系统工况处在很不稳定的状态下,当值轮机员应严格准确地执行车令,正确操作和管理主机,确保柴油机的安全运行。机动操作的核心任务是按照驾驶台车令迅速准确操作主机,这是保证船舶安全的首要前提。

本节操作训练平台为 DMS-2015B 轮机模拟器二维系统相关操作界面。

DMS-2015B 模拟器仿真主柴油机 MAN B&W 7S80MC 采用电—气联合操作系统。具有机旁应急控制、集控室控制、驾驶台控制三种控制方式。

【初始操作状态】

(1) 2 台主柴油发电机组并机供电,船舶电站运行于自动"AUTO"模式。

(2) 2 台燃油锅炉运行于"蒸汽低压、自动燃烧、主辅协同",燃用重油。

(3) 主机动力各个辅助系统已经准备完成,主燃油系统运行轻油,主空气瓶压力为 3.0 MPa、控制空气压力为 0.68 MPa。

【训练目标】

(1) 掌握主机正式启动前的活车(盘、冲、试车)操作程序和要领。

(2) 掌握主机控制位置的切换、机旁操作与遥控操作的技术要领。

(3) 主机机动操作的安全管理。

【训练内容】
1. **主机的盘车、冲车与试车**

该项操作前,机舱应电话联系驾驶台,请求"主机盘车、冲车和试车"。

(1) 盘车。

利用盘车机带动主机飞轮慢转,以检查机器各运动部件和轴系的回转情况以及各气缸内有无大量积水。

①在 ID06 界面上打开主机各个缸的示功阀(图 4-18)。

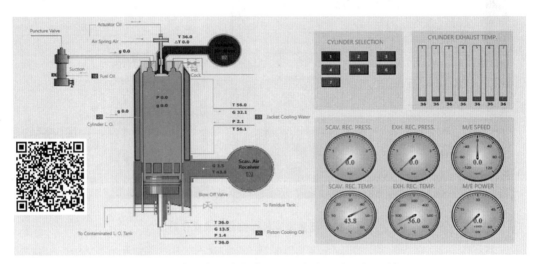

图 4-18 主机气缸仿真操作界面(在此界面开启示功阀)

②在 ID05 界面上啮合盘车机(图 4-19)。

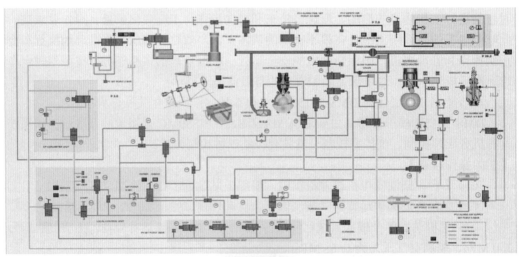

图 4-19 主机操作仿真操作界面(在此界面上啮合盘车机)

③在 ID04 界面上的盘车机控制箱上合上电源，启动盘车机进行正向或倒向盘车，个别主机机型需同时手动操作气缸注油器注入适量气缸油，本仿真主机只需提前准备好主机滑油系统即可（图 4-19）。盘车时应注意检查盘车机电流及盘车有无异常声响，一般盘车 1~2 转，大约 15 min。

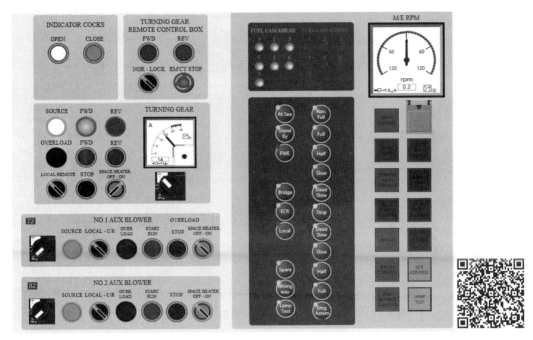

图 4-20　盘车机控制箱与主机机旁操作台车钟仿真操作界面（在此启动盘车机）

（2）冲车。

利用启动装置供给压缩空气（不供燃油）使主机转动，将气缸中的杂质、残水和残油从开启的示功阀冲出，同时在冲车过程中可以检查主机启动系统和主机工作是否正常。下面是在机旁操作台进行冲车的操作过程：

①在 ID04 界面上停止盘车，关掉电源。在 ID05 界面上脱开盘车机。

②在 ID04 界面本地控制面板上启动主机辅助鼓风机后，将控制模式置于遥控"REMOTE"模式（图 4-21）。

③在 ID05 界面主机操作系统中将主启动阀置于"SERVICE"位置，同时开启主机安全系统控制空气、排气阀弹簧空气、主机操作系统控制空气（图 4-22）。

④在 ID05 界面中的主机机旁操作台将油门调节装置转换为机旁"MANUAL"，使得主机机旁操作台的油门操作手轮和主机油门总拉杆结合，由机旁调油手轮调节主机油门。在 ID04 界面机旁操作台上将主机控制位置转为机旁"LOCAL"位置，暂且将换向旋钮置于"AHEAD"。将机旁油门调节装置拉到"STOP"零位。按住启动"START"按钮维持 5 s 左右，进行冲车，主机转速将迅速提升至 28 r/min，松开启动按钮后，观察主机转速逐渐归零。机旁油门装换装置和机旁操作台仿真操作界面如图 4-23 所示。

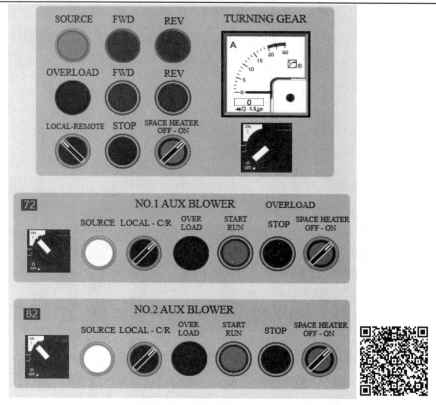

图 4-21 盘车机和辅助鼓风机本地控制箱仿真操作界面

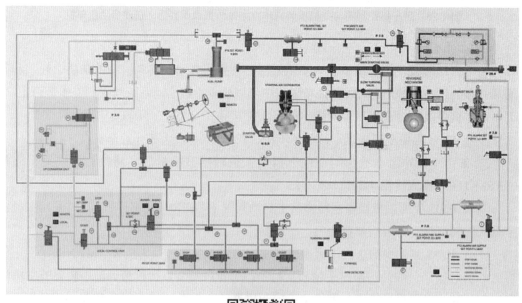

图 4-22 主机操作系统仿真操作界面（可以机旁启动的状态）

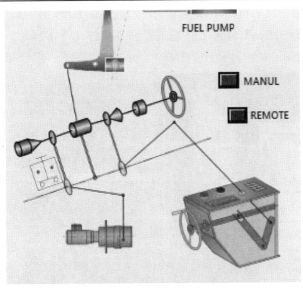

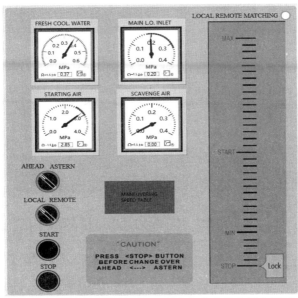

图 4-23 机旁油门装换装置和机旁操作台仿真操作界面

（3）试车。

试车的目的是检查主机启动系统、换向系统、燃油喷射系统、油量调节机构、调速器、主机其他系统、轴系和螺旋桨是否工作正常。

冲车结束后就可以进行试车的操作。机舱电话联系驾驶台请求进行试车操作，必须征得驾驶台同意并回令确认后方能进行。

试车可以分别以机旁、集控、驾控方式进行正倒车试车。以下是机旁方式进行试车的操作程序：

①冲车结束后，在 ID06 界面上，关闭各缸示功阀。

②电话联系驾驶台请求试车，驾驶员在 ID100 界面驾驶台主车钟上按下正向微速

"Dead Slow"按钮,发主机正车微速车令,轮机员在 ID04 界面机旁操作台上按下应急车钟相应的正向微速"Dead Slow"按钮进行回令应答(图 4-24)。

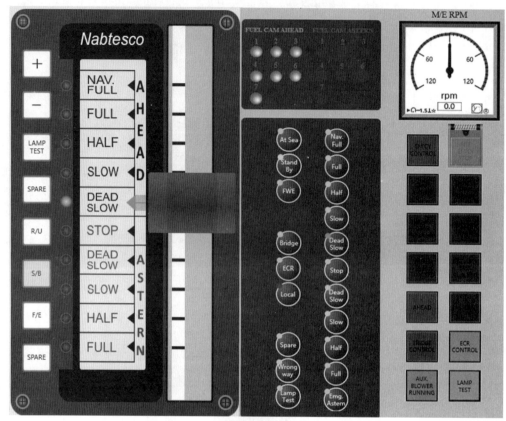

图 4-24　驾驶台车钟与机旁应急车钟

③轮机员在机旁控制台将换向旋钮置于正车"AHEAD"位置,当燃油凸轮位于正车位置时,绿色 LED 灯亮;当燃油凸轮位于倒车位置时,红色 LED 灯亮。启动执行前,换向装置应先行换向(图 4-25)。

④在主机机旁操作台解锁油门手轮,并将油门手轮刻度调至启动"START"位置,按下启动"START"按钮维持数秒,观察主机转速达到稳定转速约 28 r/min 后松开启动按钮,随即依据机动船速表(图 4-26),将油门减少到"20"刻度值左右,使主机运行于正车微速"DEAD SLOW"档(图 4-27)。随后将油门降低到"0"刻度或按下停车"STOP"按钮执行停车,完成正车试车。之后可以在驾驶台倒车指令下,进行倒车"DEAD SLOW"试车,方法相同。注意,在执行正倒车换向之前,需先按下"STOP"按钮。在进行正倒车试车时需时刻注意驾驶台和机旁控制台的车钟联系。

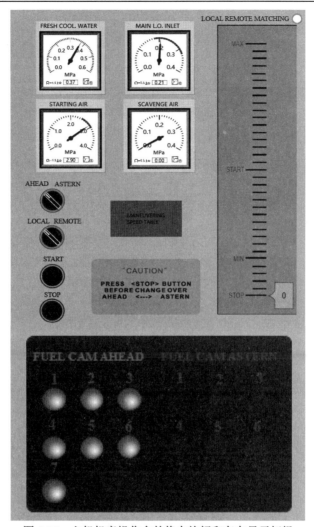

图 4-25 主机机旁操作台的换向旋钮和车向显示灯组

MANEUVERING SPEED TABLE		
ENGINE ORDER	ENGINE SPEED (R.P.M)	SHIP SPEED (KNOT)
MAX. AHEAD	76	15.4
FULL AHEAD	57	10.6
HALF AHEAD	45	7.8
SLOW AHEAD	28	5.3
D.SLOW AHEAD	23	4.2
D.SLOW ASTERN	23	4.2
SLOW ASTERN	28	5.3
HALF ASTERN	45	7.8
MAX. ASTERN	55	10.0
MAX. SPEED OF MAIN ENGINE IS 79 RPM		

图 4-26 机动操作时主机转速和船速对应表

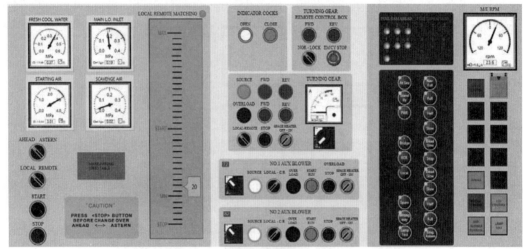

图 4-27 主机机旁正车微速执行界面

2. 主机操作方式（位置）的切换与机动操作的管理

（1）主机操作方式（位置）转换的基本程序。

①"驾控"转"集控"（无扰动切换）。

(a) 将集控室车钟手柄放至与驾驶台车钟指令相同位置。

(b) 将集控室操作位置转换开关转至集控室"C/R"位置，驾驶台应答，指示面板及遥控系统面板显示"集控"。

(c) 转换完毕，电话通知驾驶台。

②"集控"转"驾控"（无扰动切换）。

(a) 将集控室操作位置转换开关转至驾控台"W/H"位置，驾驶台应答，指示面板及遥控系统面板显示"驾控"。

(b) 将集控室车钟手柄放至停车位置。

③"机旁"转"遥控"。

(a) 油量调节转为遥控（调速器）。

(b) 控制位置转为遥控。

（2）集控室操作。

①"机旁"转"遥控（集控）"方式的切换。

机旁冲、试车情况正常后，可以将主机操作位置从"机旁"切换至"遥控"。

在 ID05 界面，将主机油门调节装置和调速器联合（主机油门调节置于"REMOTE"模式），脱开机旁油门调节手轮（图 4-28）。在 ID04 界面主机机旁控制台上将操作旋钮置于遥控"REMOTE"位置，机旁应急车钟面板上的副车钟"ECR"按钮灯亮，同时状态黄色警示灯"ECR CONTROL"亮（图 4-29），表明主机操作位置已从"机旁"切换至"遥控（集控）"位置（系统设定集控优先于驾控）。

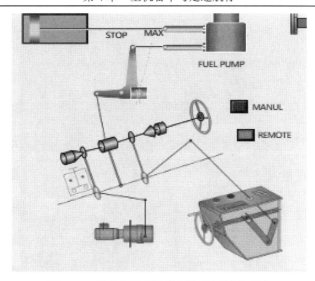

图 4-28 机旁主机调油装置切换至遥控状态

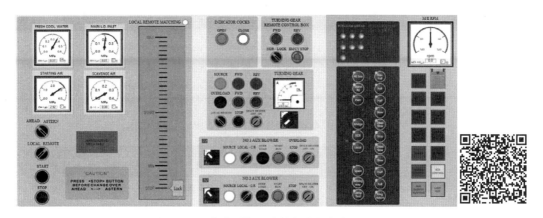

图 4-29 切换为遥控方式的机旁操控台状态显示

②集控台操作主机。

DMS-2015B 模拟器中仿真主机遥控系统是采用 Nabtesco 公司的 M-800-Ⅲ型主机遥控系统。

在 ID96 界面集控台中将辅助鼓风机置于自动"AUTO"模式（图 4-30），2 台鼓风机自动运行，操作方式切换旋钮置于集控"C/R"位，操控位置指示灯"ECR"平光，表明主机操控位置在集控室。

在集控台主机遥控系统面板上的电源指示区域"ELECTRIC SOURCE"、驾驶台转换互锁指示区域"BRI. CHANGEOVER INTER."、启动阻塞条件指示区域"START BLOCK COND."、主机运行准备条件指示区域"ENGINE READY CONDITION"相应的条件指示显示正常状态（绿色），集控台主机遥控系统操作正常条件指示如图 4-31 所示。

在 ID03 界面集控台的主机安保系统面板上无任何主机安保异常警示（红色），集控台主机安保系统面板如图 4-32 所示。

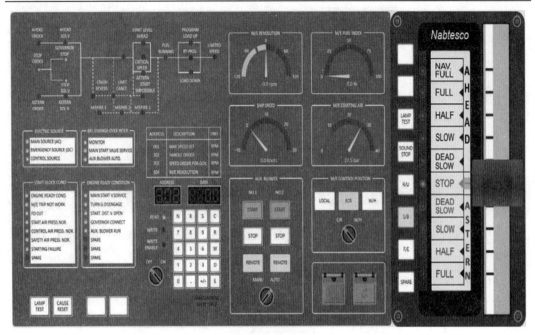

图 4-30 集控室主机操控台

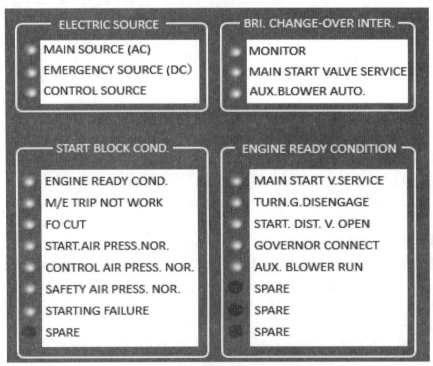

图 4-31 集控台主机遥控系统操作正常条件指示

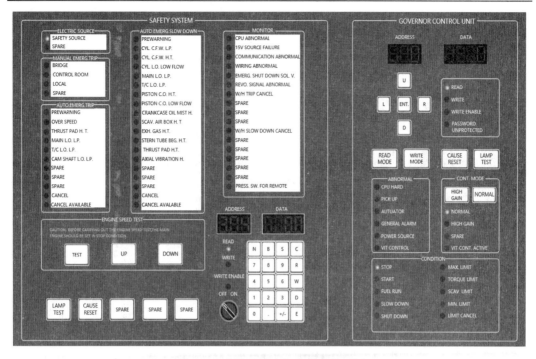

图 4-32 集控台的主机安保系统面板

驾驶员在 ID100 界面驾控台上根据船舶操作的需要将车钟手柄推至正车"AHEAD"（或倒车"ASTERN"）的某个档位（"STOP"至"FULL"）（图 4-33），显示的当前状态是"AHEAD SLOW"车令，相应车钟档位指示灯闪亮，蜂鸣器响声，因为是集控

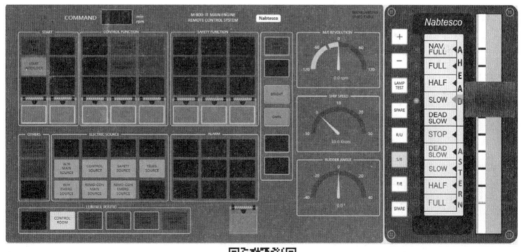

图 4-33 集控方式的驾控台状态显示

方式，此时主机并没有启动，驾驶台二合一车钟"Nabtesco"（车钟发令与油门调节）并

不能操作主机,只是具备车令通讯功能。此时,集控台车钟的"AHEAD SLOWD"档位指示灯闪亮,蜂鸣器响声,待轮机员在集控台将集控车钟手柄推至和驾驶台一致的档位(例如"AHEAD SLOW")进行应答,两处(驾控台和集控台)的相应车钟指示灯平光,蜂鸣器停响,同时主机开始进行正车启动,并逐渐运行到车令要求的转速,集控台操控主机(图 4-34)。可见"集控"方式的特点是:驾驶台发车令,由集控台执行并实际操作主机。

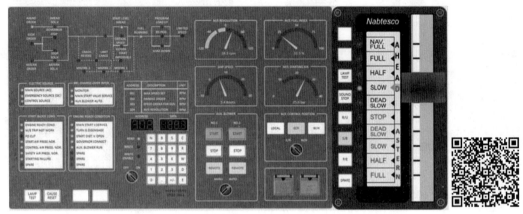

图 4-34 集控台操作主机运行于"AHEAD SLOW"

(3)驾驶台操作主机。

① "集控"转"驾控"的切换。

一般在进出港等机动航行频繁用车时,集控室可以根据驾驶台的要求将主机操作位置切换为"驾控"方式,由驾驶员直接操作主机,使得驾驶台操作船舶更加便利。

转换方式前要保证驾驶台和集控台的车钟一致,以实现无扰动切换。轮机员在 ID96 界面集控台上将主机控制位置转换旋钮由"C/R"位转至"W/H"位,"W/H"绿色指示灯闪烁(图 4-35)。

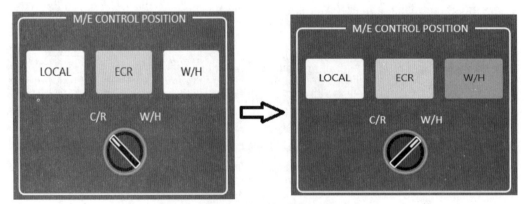

图 4-35 集控台主机操控位置转换操作指示

② "驾控"方式的接受。

在 ID100 界面驾控台主机遥控系统面板的控制位置切换应答按钮"WHEEL HOUSE"绿色指示灯闪亮,驾驶台按下该按钮进行应答,指示灯平光(图 4-36),表明

"集控"转"驾控"成功，驾驶台接管主机直接操作权。

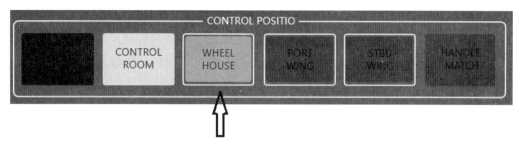

图 4-36　驾控台主机遥控系统控制位置"驾控"方式接受指示

③驾控台操作。

驾驶台可以根据需要直接正倒车机动操作主机运行直至海上定速航行（图 4-37）。

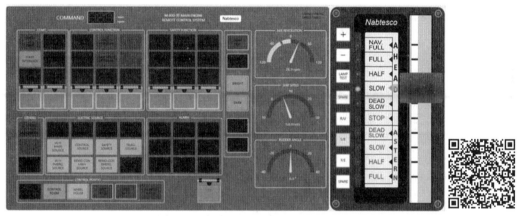

图 4-37　驾控台以"驾控"方式操作主机

（4）机动操作时的安全管理。

①如果需要，应提前按规定的换油程序换用轻质燃油或低硫燃油。

②机动操作时应保证电力充裕，必要时增开发电机，满足高负荷和冲击负荷需求。

③空气瓶应随时补足，并保证主机操作及汽笛用汽的需要。

④船舶在进出港口和行驶在浅水航道时，为了防止泥沙被海水泵吸入，应将低位海底阀门换用高位海底阀门。

⑤当值轮机员必须集中精力，要随时注意配电板各仪表的工作情况，注意观察和调节冷却水、滑油的温度和压力，确保空气瓶压力在允许范围，保持正常的扫气温度和压力，注意各缸排气温度值的变化，注意各主要设备的工作状态。使所有运转设备的主要参数在规定的范围内，必要时进行适当调整。

⑥主机启动操作时，应做到一次启动成功，启动时油门操作适当不宜过大，防止柴油机发生启动时冷爆、损伤机件和增加不必要的磨损。

⑦正常情况下，机动操纵所设定的最大转速应不超过港速或系泊试验转速，并严格执行驾驶台要求的车速指令。

⑧在进行倒车操作时，应控制油门，避免主机超负荷。

⑨在船舶起航和加速过程中，应按要求操作，加速不应太快，以防柴油机热负荷、机械负荷过大。

⑩在调速过程中，应抓住时机快速越过转速禁区，避免发生异常振动。

⑪柴油机在机动操作时，如果由于航道较长，需长时间进行低速运行时，为了防止气缸油消耗量过多，对于供油量随时可调节的气缸注油器应酌情将油量调低，待定速运转后再恢复至正常供油量。

⑫值班轮机员不得远离操作台或离开集控室，若紧急情况需要离开，应征得轮机长同意，轮机长应指派其他人员临时顶替。

⑬轮机长应监督、指导轮机员进行各种操作，监控各设备运行状态，及时与驾驶台取得联系，及时处理各种突发事件。

⑭机动航行时间不管多长，轮机长都必须始终在机舱监督和监控机动操作整个过程，直至机动操作结束方可离开机舱。

4.3 主机定速航行

船舶定速航行后，轮机管理人员应使主柴油机及其装置处于正常的技术状态。在航行中值班轮机员应集中精力、遵守操作规程，按时对主柴油机各种热力参数和机械运行工况进行巡回检测，视情况对部分参数进行调整，使各种技术参数处于正常范围之内。在主柴油机定速稳定运转后，评定一台柴油机运转性能和技术状态的主要依据是燃料在气缸中燃烧状况和各缸负荷分配的均匀程度，以及各零部件和系统的工作情况。因此，为确保主柴油机各部件处于正常的技术状态，在航行中应加强对各主要动力辅助系统的管理，其包括对冷却水系统、滑油系统、燃油系统及增压系统等主要系统的管理。

本节操作训练平台为 DMS-2015B 轮机模拟器二维系统相关操作界面。

【初始操作状态】

（1）2 台发电机供电，电站管理系统（PMS）运行于"手动"模式。

（2）燃油辅助锅炉安全运行。

（3）主机操控方式为"驾控"，结束离港机动航行，即将进入海上定速。

【训练目标】

（1）掌握定速航行的主机及其辅助系统的正确操作程序和要领。

（2）认知巡回监测的主要内容。

（3）掌握相关的主、辅系统运行时热工参数正常范围及调整方法。

（4）掌握主机正确的完车操作程序。

【训练内容】

1. 主机定速操作

（1）离港机动航行结束后，驾驶员于 ID100 界面驾控台上按下副车钟"R/U"按钮，轮机员于 ID96 界面集控台上按下相应副车钟"R/U"按钮进行应答。

（2）驾驶员于 ID100 界面驾控台上将主车钟推至海上全速"AHEAD NAV. FULL"，主机转速将较快地提升到 52 r/min，随后主机加速负荷程序限制激活（LOAD UP PROGRAM 灯亮），主机加速速率变慢（此限制功能可以被"越控"，"越控"操作详见本书 6.2 节），驾控台主机遥控面板（车钟推至海上全速时）显示加速负荷程序限制状态如图 4-38 所示。

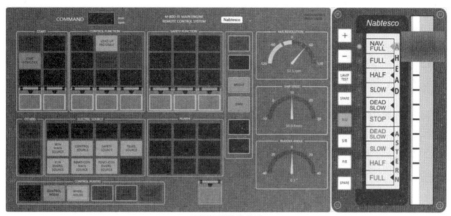

图 4-38　驾控台主机遥控面板（车钟推至海上全速时）显示加速负荷程序限制状态

（3）主机在加速负荷程序限制下，转速由52 r/min缓慢上升到76 r/min左右，达到海上定速航行最大转速（图4-39），此时加速负荷程序限制指示灯熄灭，结束加速过程。

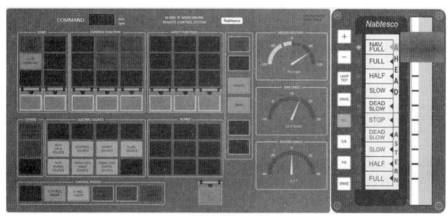

图 4-39　主机转速达到海上定速航行最大转速时的驾控台主机遥控面板状态

2. 主机海上定速后相关动力辅助系统的操作

（1）在 ID33 界面主机高温淡水冷却系统中确认暖缸停止，缸套水预热器的蒸汽加热进口阀关闭（ID42 界面），开启主机缸套水预热器旁通阀，关闭缸套水预热器进口阀（图 4-40）。

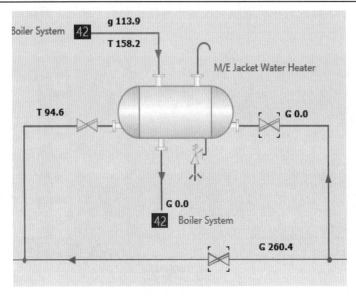

图 4-40　停止暖缸操作界面

（2）将船舶电站管理系统（PMS）置于"AUTO"模式运行（ID76 界面），由船舶电站管理系统根据船舶电力负荷的实际需要自行调整发电机组的运行数量。

（3）将主机燃油系统和副机燃油系统换成重油（ID10、ID11 界面），燃油黏度控制器置于"AUTO"模式，自动将主、副机日用燃油黏度控制在 13 cst 左右，换为重油的主机日用燃油系统如图 4-41 所示，换为主油路供给重油的副机燃油系统如图 4-42 所示。

（4）启动燃油（重油）分油机（ID13、ID14、ID15 界面）和主机滑油分油机系统（ID23、ID24、ID25、ID26 界面）具体操作详见本书 3.8 节和 3.9 节。

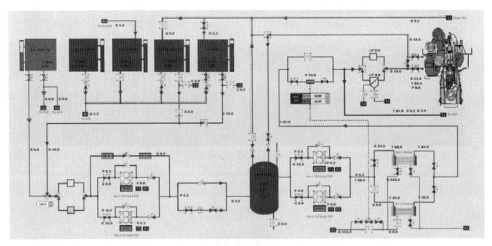

图 4-41　换为重油的主机日用燃油系统

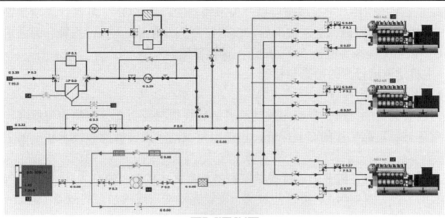

图 4-42 换为主油路供给重油的副机燃油系统

（5）启动造水机（ID34 界面），造水机正常制淡状态如图 4-43 所示，具体操作如下：

①关闭真空破坏阀、凝水泵出口阀。
②打开海水系统中的截止阀。
③启动海水喷射泵（启动按钮在控制箱上）。
④调节给水调节阀开度（通过"DEC"和"INC"按钮调节），使管路上的压力调整到 0.4 MPa 左右。
⑤打开抽气管路和浓盐水管路上单向阀（界面上已默认开启），装置开始抽真空。
⑥打开 ID33 界面上高温淡水进造水机的阀门，将造水机下面的旁通阀关闭到 10%。
⑦装置开始造淡水，启动淡水泵，淡水泵出口应有一定的正压力。

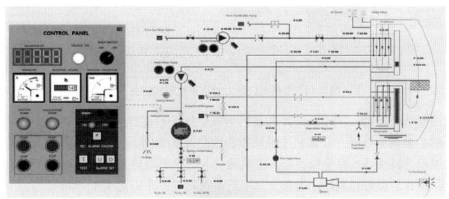

图 4-43 造水机正常制淡状态

⑧功能键的使用:"*"按钮可以开闭报警功能,当"ON"灯亮,表示报警功能开启;"T"按钮是报警测试键,按下后,模拟监测值为 8 ppm,进行报警和旁通电磁阀开启;"U"按钮上调报警值;"D"按钮下调报警值。

3. 主机定速运行后的检查与管理

(1)主机的热力检查。

热力检查的目的是检查和确定发动机各缸燃烧情况及负荷分配的均匀程度。这是发动机正常运转、可靠工作的必要保证,也是衡量发动机运转性能和技术状态的主要内容之一。

进入模拟器主机各缸热力运行参数监测仿真界面(ID06 界面),进行主机气缸相关热力参数的监控(图 4-44)。可以针对某一缸设置喷油器或喷油泵的故障(例如:磨损、卡滞、漏泄、喷孔堵塞及正时不当等),以便学员观察主机气缸热力参数的相关变化规律。

主机喷油设备(喷油器、喷油泵及油量调节装置等)性能不良常引起气缸燃烧恶化和各缸负荷的变化。在模拟器平台上对喷油设备技术状态的检查可以通过检测排气温度来判断,各缸排气温度最大温差不应超过平均值 15~20 ℃(或±5%),同时应检查各缸冷却水、活塞冷却液及废气涡轮增压器冷却水出口温度,各缸冷却液出口温度与平均温度相比较,最大温差要小于 4~5 ℃。

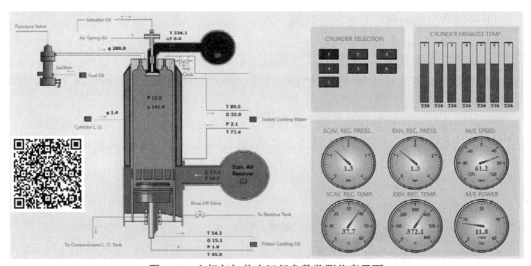

图 4-44 主机气缸热力运行参数监测仿真界面

增压空气的压力、温度,空冷器前后增压空气压差是判断柴油机燃油燃烧状况、排气温升的主要依据之一,许多船舶柴油机都因空冷器水侧、气侧(尤其是气侧)脏堵引起排气温度升高及增压器喘振。进入主机透平气、水监测仿真界面(ID07 界面),对主机增压器运行参数进行监控,主机空气增压系统监测界面如图 4-45 所示。

可以设置空气增压系统的故障(例如:辅助鼓风机故障、透平吸入滤器脏堵、透平轴承磨损、喷嘴环脏堵,空冷器脏堵等),以便学员观察主机运行热力参数的变化规律。

(2)主机热工参数的监测与调整。

通过本模拟器的 K-Chief600 巡回监测与报警系统对虚拟主机运行的各个热工参数进

行检查，及时回应并处理报警，对越限的参数及时调整。巡回监测与报警系统中主机运行参数监测界面如图 4-46 所示。教练员可以设置相应故障激活某个主机热工参数的越限报警（例如主机滑油、缸套冷却水、主机扫气空气的温度、压力等），训练学员进入到相关仿真系统进行正确的处理和调整，使越限的参数回归正常运行范围。

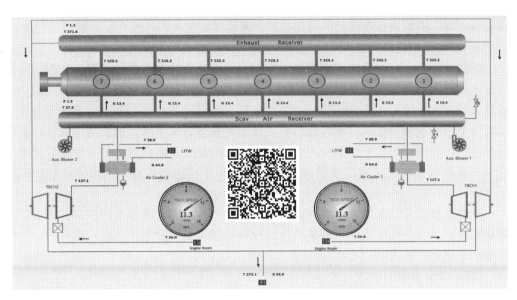

图 4-45　主机空气增压系统监测界面

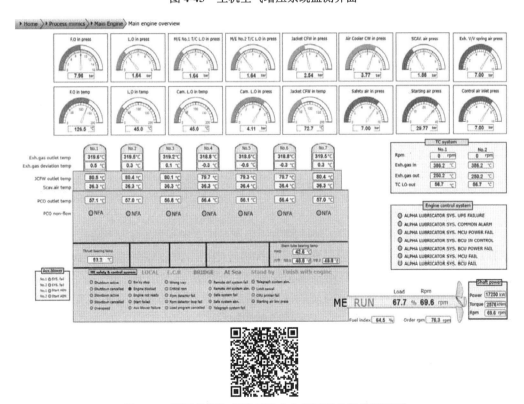

图 4-46　巡回监测与报警系统中主机运行参数监测界面

（3）机械检查。

机械检查的目的是保证发动机各部件和系统均处于正常的技术状态。

看、摸、听、闻是管理者最直接又简便的手段。不正常的运转声响可导致机件受损；异常温差反映出机器或系统内部存在问题；刺激性气味表明机械设备温度异常高或滑油变质；运行中经常边巡检边触摸机器外部机件，从温差、振动、脉冲等角度判断设备工作是否正常。机械设备连接处、阀件等的泄漏要及时发现并迅速查明原因予以解决。

（4）冷却系统的管理。

巡回检查时，应注意冷却水膨胀水柜的液位变化并注意水量的消耗，如发现水位上升或下降必须查明原因并及时排除故障。各缸冷却水出口温度应符合说明书规定，温差应符合要求。如出现异常，应结合排气温度、喷油设备及增压系统的技术状态进行分析。水温调节符合说明书要求，水温过低不仅使柴油机热效率下降，增加低温腐蚀，而且受热部件因内外温差过大产生热应力会导致裂纹故障发生；水温过高将导致橡胶阻水圈易老化、损坏甚至碳化，发生水腔漏泄，同时冷却腔可能形成冷却水汽化，使冷却效果下降。

冷却系统的自动温度调节器应始终保持正常工作状态。冷却水应按规定由大管轮每周化验一次主、副机水质，按规定的标准投药处理，必要时须化验淡水舱水质，分析冷却水水质变化的原因。

（5）滑油系统的管理。

大型低速柴油机主滑油循环泵出口压力一般为 0.15～0.4 MPa。滑油冷却器前温度为 50～55 ℃，不超过 60 ℃，冷却器前后温差为 10～15 ℃。

注意检查滑油循环柜油位，若油位发生变化应及时查明原因并排除故障。油冷式活塞的回油应保持稳定，油量不足或中断均能造成活塞烧蚀和咬缸。

对油泵和滤器前后压差的变化要注意检查，滤器清洗后必须进行驱气才能转入系统工作。加强自动清洗滤器的管理，使之始终处于有效工作状态。加强滑油分油机的管理，保证滑油的分离净化，油质符合使用要求。为了确定滑油的质量，每 3～4 个月定期取样化验，必要时全部滑油集中处理或更换。

运转中确保气缸注油器的工作正常，防止断油。

定期检查推力轴承的油温，各中间轴承油位、油温，尾轴重力油柜液位、油温，首尾密封装置油柜和循环器油位。每 3～4 个月油液取样化验一次，不得超过 6 个月。

（6）燃油系统的管理。

应注意各燃油舱合理使用，保持船舶的平衡；注意燃油的加温、驳运、沉淀、净化、储存和计量，沉淀柜中的油应驳满沉淀至规定时间后，方能经分油机净化并驳至日用油柜，还应注意检查沉淀柜、日用柜油位和油温，按时放残水。

当在大风浪天航行时，要密切关注滤器的工作状况，必要时须转换清洗，避免供油中断。应定期清洗燃油滤器，清洗后必须充油排气。

注意对高压油泵、喷油器的工作状态和高压油管的脉动情况进行检查。综合考虑泵体发热、油管脉动以及排烟温度变化等情况，分析气缸内燃烧和喷油器的工作状态。

燃油进机前要有合适的黏度范围，低速机要求的范围是 $12～25 \text{ mm}^2/\text{s}$，中速机要求上限不超过 $20 \text{ mm}^2/\text{s}$。在管理中可用人工调节蒸汽供给量控制燃油加热器的燃油出口温度，现代船舶柴油机都用黏度计自动控制燃油进机黏度。

（7）增压系统的管理。

废气涡轮增压器是高速回转机械，在运行中要观察其运转的平衡性，有无异常振动和声响。注意检测增压器的转速、润滑和冷却情况及增压空气压力。对自带油泵式润滑系统要注意油位、油质及油泵排出情况的检测，根据情况及时添加或更换滑油。应注意强制式润滑系统中油柜的液位、循环泵的运行状况、滤器前后的压差、观察镜中油流情况等，滑油压力、温度应随时观察并根据具体情况进行调节。

压气机流道和废气流道应按说明书规定的时间间隔喷水冲洗。压气机流道每天冲洗一次。主柴油机累计运行 300 h 冲洗废气流道，视废气流道脏污状况的不同，冲洗时间的长短也不同。当污染严重时可采用清水和化学剂交替喷射清洗的方法。按说明书的规定，废气涡轮增压器必须定期解体清洗。空气冷却器是增压系统中的重要设备，运行中极易发生空气流道污堵现象，影响空气流通，引起燃烧恶化，排气高温甚至达到限定的报警温度，严重时发生喘振，直接影响主机运转的可靠性和船舶营运的安全及经济性。为此，增压系统的空气冷却器必须定期化学清洗其气侧，空气冷却器水侧的清洗较方便，也必须定期人工清洗。

在船舶靠泊期间应用防尘罩将消声滤器盖上，特别是装卸粉尘性货物时或港口粉尘较大时，还要考虑停止机舱风机运转，关闭通风口防止大量粉尘被吸入机舱。尽可能减少运转设备的跑、冒、滴、漏等现象，减少舱底污油水，避免大量油气充斥机舱被吸入压气机。当发生空冷器污堵时，轻者可采取清水和清洗剂交替喷射的方法经常冲洗。污堵严重时可实现不解体浸湿式清洗，方法是用清水和清洗剂以一定比例混合，注满底部装上盲板的空冷器，同时用蒸汽持续加温并用空气吹搅，一般需要 30 h 以上方能达到清除污垢的效果，清洗效果可依压差计读数、扫气压力、扫气温度、排气温度及冷却水温度而定。

4.4 主机工况分析

主机的工况分析主要是指主机健康状态的分析与评估，就是利用状态监测系统所获得的各种信息和数据，对主机的运行状态、健康状况进行预测和评估。用于主机工况分析的信息和数据很多，主要包括：可连续测量的工作参数、示功图、可计算的性能指标、航行试验数据、台架试验数据、维修和测试记录、轮机日志记录等。

用于主机工况分析的具体方法是利用可连续测量的工作参数、示功图、可计算的性能指标等与基准数据（如轮机日志记录、航行试验数据、台架试验数据、同机型同工况下的运行记录、维修和测试记录等）进行比较，判别主机局部或整体性能的变化，若性能偏差较大应找出具体原因并进行解决。

在柴油机状态良好的情况下，排气温度只能大致反映出各缸燃烧的状态及喷油设备的情况，进而了解负荷分配的大概状况。为了确知各缸负荷的分配是否基本上均匀，还应在适当时机测取各缸示功图，确定最高燃烧压力和计算平均指示压力，分析和判断各缸负荷的大小和分配是否均匀。根据实测数值对各缸负荷做适当调节。通过测取展开示功图和手拉示功图可以确定纯压缩压力、发火始点和整个燃烧过程。为了更可靠地掌握柴油机的热力过程，最好在测示功图的同时进行油耗测定，作为衡量柴油机维护管理的标准之一。

【初始操作状态】

（1）船舶电站运行于"AUTO"模式。

（2）主机在安全工况下海上定速运行。

（3）主机操作方式为"驾控"。

（4）主、副机使用重油运行，黏度自动控制在 13 cst。

（5）各个主、辅动力系统运行状态正常。

【训练目标】

（1）学会利用机舱自动巡回监测与报警系统检查主机运行参数。

（2）利用机舱自动巡回监测掌握主机各运行参数的安全范围。

（3）学会通过主机示功图分析判断主机运行工况的优劣并判断故障。

【训练内容】

1. 利用 K-Chief600 监测系统监控主机运行工况

以对主机各缸活塞冷却油出口温度和缸套冷却水出口温度的监控为例，具体操作如下：

学员进入 K-Chief600 系统仿真界面的次级菜单界面"Tag summary"（图 4-47），翻阅到主机的"M/E SLD"安保区域监控界面，可以方便地监察到主机 NO.1～NO.7 缸的活塞冷却油油温实际运行动态数据在 56 ℃左右，同时学员可以查到该参数的报警高

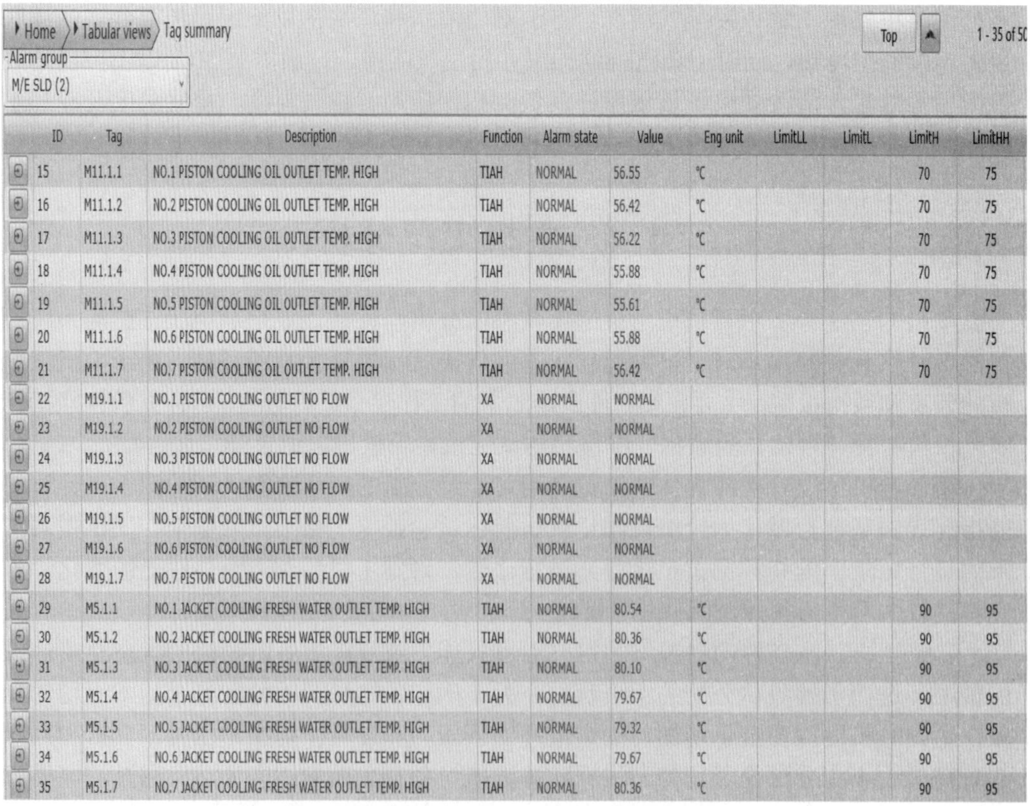

ID	Tag	Description	Function	Alarm state	Value	Eng unit	LimitLL	LimitL	LimitH	LimitHH
15	M11.1.1	NO.1 PISTON COOLING OIL OUTLET TEMP. HIGH	TIAH	NORMAL	56.55	℃			70	75
16	M11.1.2	NO.2 PISTON COOLING OIL OUTLET TEMP. HIGH	TIAH	NORMAL	56.42	℃			70	75
17	M11.1.3	NO.3 PISTON COOLING OIL OUTLET TEMP. HIGH	TIAH	NORMAL	56.22	℃			70	75
18	M11.1.4	NO.4 PISTON COOLING OIL OUTLET TEMP. HIGH	TIAH	NORMAL	55.88	℃			70	75
19	M11.1.5	NO.5 PISTON COOLING OIL OUTLET TEMP. HIGH	TIAH	NORMAL	55.61	℃			70	75
20	M11.1.6	NO.6 PISTON COOLING OIL OUTLET TEMP. HIGH	TIAH	NORMAL	55.88	℃			70	75
21	M11.1.7	NO.7 PISTON COOLING OIL OUTLET TEMP. HIGH	TIAH	NORMAL	56.42	℃			70	75
22	M19.1.1	NO.1 PISTON COOLING OUTLET NO FLOW	XA	NORMAL	NORMAL					
23	M19.1.2	NO.2 PISTON COOLING OUTLET NO FLOW	XA	NORMAL	NORMAL					
24	M19.1.3	NO.3 PISTON COOLING OUTLET NO FLOW	XA	NORMAL	NORMAL					
25	M19.1.4	NO.4 PISTON COOLING OUTLET NO FLOW	XA	NORMAL	NORMAL					
26	M19.1.5	NO.5 PISTON COOLING OUTLET NO FLOW	XA	NORMAL	NORMAL					
27	M19.1.6	NO.6 PISTON COOLING OUTLET NO FLOW	XA	NORMAL	NORMAL					
28	M19.1.7	NO.7 PISTON COOLING OUTLET NO FLOW	XA	NORMAL	NORMAL					
29	M5.1.1	NO.1 JACKET COOLING FRESH WATER OUTLET TEMP. HIGH	TIAH	NORMAL	80.54	℃			90	95
30	M5.1.2	NO.2 JACKET COOLING FRESH WATER OUTLET TEMP. HIGH	TIAH	NORMAL	80.36	℃			90	95
31	M5.1.3	NO.3 JACKET COOLING FRESH WATER OUTLET TEMP. HIGH	TIAH	NORMAL	80.10	℃			90	95
32	M5.1.4	NO.4 JACKET COOLING FRESH WATER OUTLET TEMP. HIGH	TIAH	NORMAL	79.67	℃			90	95
33	M5.1.5	NO.5 JACKET COOLING FRESH WATER OUTLET TEMP. HIGH	TIAH	NORMAL	79.32	℃			90	95
34	M5.1.6	NO.6 JACKET COOLING FRESH WATER OUTLET TEMP. HIGH	TIAH	NORMAL	79.67	℃			90	95
35	M5.1.7	NO.7 JACKET COOLING FRESH WATER OUTLET TEMP. HIGH	TIAH	NORMAL	80.36	℃			90	95

图 4-47　K-Chief600 系统的主机运行参数监测仿真界面

限为 70 ℃，降速保护限为 75 ℃，当前主机各缸该参数运行于正常范围。同样方式，可以监察到主机 NO.1～NO.7 缸的缸套冷却水出口温度实际运行动态数据在 80 ℃左右，报警高限为 90 ℃，降速保护限为 95 ℃，当前主机各缸冷却水温度运行于正常范围。主机其他运行参数的检查与监控操作方式与此类似，学员可以自行训练。

2. 示功图测取与分析

要求学员能够熟练地测取主机各缸的示功图并鉴别示功图特征的正常与否，把所测的示功图与主柴油机的正常示功图进行比较，找出它们之间的差别，判断柴油机工作过程的优劣以及分析产生偏差的原因，以进行必要的调整，使柴油机保持在良好的技术状态下运行。

（1）正常示功图的特征。

①工作过程曲线比较圆滑，曲线过渡处无锐角或突变形状。

②工作过程各主要特性点的数值如最高爆发压力 p_z，压缩压力 p_c 等应符合说明书或试航报告的规定。

③工作过程曲线无异常波动现象。

④示功图尾部形状应符合不同的扫气形式的正常轨迹。

（2）各缸有关热力参数的不均匀度应满足表 4-1 要求。

表 4-1　各缸有关热力参数的不均匀度

工作参数	不均匀度（%） （不均匀度 = $\dfrac{\text{最大（最小）值-各缸平均值}}{\text{各缸平均值}} \times 100\%$）
压缩压力 p_c	≤±5
最高燃烧压力 p_z	≤+5
平均指示压力 p_i	≤±5
排气温度 T_r	≤±5（中、高速增压机为 8%）

3. 主机运行工况不正常的示功图特征

引起柴油机工作过程不正常的因素很多，无法一一列举，以下分析在运行管理中常见的、典型的畸形示功图特点。在实际工作中，示功图的线形往往不够典型，甚至受多因素影响，况且图形尺寸较小，所以对示功图分析难度较大。因此，在分析示功图时不要轻易下结论，而应针对具体情况并参考测试参数进行综合分析，抓住主要影响因素，才能得到正确结论。

（1）燃烧太早。

燃烧太早的 $p\text{-}V$ 示功图和转角示功图如图 4-48 所示（虚线表示正常示功图）。这种示功图与正常示功图比较，有以下几个特点：最高燃烧压力 p_z 增大，高于正常值，压力上升曲线陡峭，示功图头部变瘦；燃烧曲线过早地脱离压缩曲线，发火点提前；膨胀曲线降低（排气温度下降）。

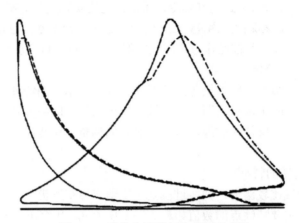

图 4-48　燃烧太早引起的畸形示功图

燃烧太早的主要原因是大部分燃油在上止点前喷入气缸燃烧，后燃减少之故。一般是喷油正时提前，喷油器启阀压力降低等。另外，当由劣质燃油改用优质燃油而未调整（减小）喷油正时时也会产生燃烧太早的现象。由柴油机燃烧分析可知，燃烧太早将会增加柴油机的机械负荷，严重时会使气缸内发生爆燃，引起燃烧敲缸，危及气缸正常工作，故需及时加以调整。

（2）燃烧太晚。

燃烧太晚的 p-V 示功图和转角示功图如图 4-49 所示（图中虚线为正常示功图）。它与正常示功图比较有以下特点：最高燃烧压力 p_z 明显降低，即示功图高度下降；示功图头部圆滑，发火点后移，甚至发生在上止点后，导致燃烧后移；膨胀线较正常示功图高。

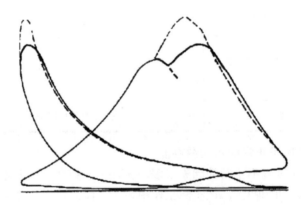

图 4-49　燃烧太晚引起的畸形示功图

燃烧太晚的原因通常有喷油正时滞后，喷油器启阀压力过高，改用劣质燃油又未调整（增大）喷油正时，喷油泵漏油，喷油器漏泄及缝隙式滤器部分堵塞等原因虽然也都会使燃烧变晚，但又各有不同。

（3）喷油器漏油。

喷油器阀座漏油时，由于燃油压力低，使燃油雾化不良，油气混合不佳，造成燃烧延后,排气温度升高。这种示功图的最高燃烧压力下降并重复上升多次,如图4-50所示。膨胀线高,且呈锯齿形,锯齿向上。这种锯齿形与示功器小活塞运动受阻时的畸形示功图看起来似乎有些相似,其实有所区别。示功图小活塞运动受阻时示功图面积增大,膨胀线较高,而且是不规则地下降并呈阶梯形波动。喷油器漏油则示功图呈向上锯齿形波动。

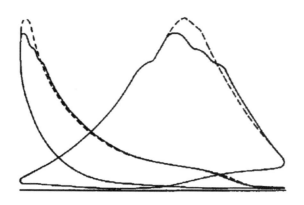

图 4-50　喷油器漏油时的畸形示功图

(4) 喷油泵漏油。

如喷油泵柱塞因过分磨损漏油时,一方面会使泵油压力下降,从而使喷油延后造成后燃,会使排气温度升高;另一方面由于泵油期间漏油,使得喷入气缸中的油量减少,会造成示功图面积减小,功率明显下降,排气温度降低,实践证明,上述两方面综合起来,后者影响大,最终使排气温度降低,如图4-51所示。

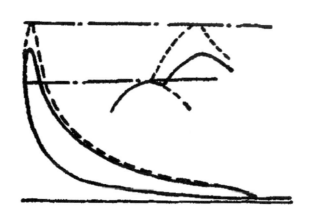

图 4-51　喷油泵漏油时的畸形示功图

(5) 喷油器喷孔部分堵塞。

当喷孔部分堵塞时,由于喷孔流通面积减少、流阻增大、单位时间喷油量减少,使总的喷油时间拖长,出现后燃。其示功图与燃烧太晚畸形示功图相似。但由于高压油管中的压力急剧升高,会发生重复喷射,膨胀线会产生波动,如图4-52所示。这种示功图的特点是最高燃烧压力 p_z 降低,膨胀曲线升高,示功图头部的膨胀曲线出现波动。但由于喷油正时未变,发火点也基本不变,这是区别于燃烧太晚示功图的主要依据。

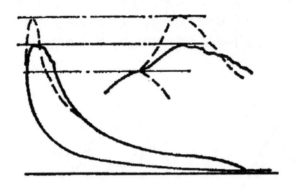

图 4-52　喷油器喷油孔部分堵塞时的畸形示功图

在喷孔部分堵塞的情况下,有时会在喷油泵泵油初期产生冲击和振动,如果用手触摸高压油管,可感到明显的脉动过重并伴随有油管发热的现象。这些特征有助于分析示功图。

（6）气缸内空气量不足。

气缸内空气量不足时的示功图如图 4-53 所示。它与正常示功图比较有以下特点:最高燃烧压力 p_z 和压缩压力 p_c 都降低;膨胀线与压缩线均降低,有时可能出现波动;示功图面积减小,指示功率降低,排气温度升高。

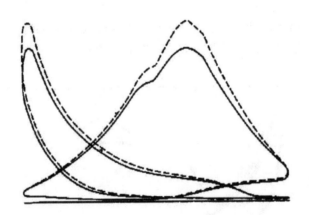

图 4-53　气缸漏气时的畸形示功图

气缸内空气量不足的原因一般是气缸漏气,如活塞环漏气、排气阀漏气等;扫气空气供应不足,如气口堵塞,增压器进气滤器堵塞,中冷器堵塞,增压器污染等;排气系统受阻;环境状态如大气压力和环境温度变化。

扫气压力偏低使压缩压力 p_c 降低,气缸漏气、活塞顶烧损等气缸机件故障也使压缩压力 p_c 降低。究竟是哪一方面的原因,可通过计算绝对压缩压力与绝对扫气压力之比值并与试航报告标准值比较来进行判断。

p_c（修正后）偏低的原因:

①扫气压力偏低。

② 气缸机件故障。

（a）活塞环漏气。

（b）排气阀烧损（低速运转时有可能听到"嘶嘶"声）。

（c）排气阀正时不准确。

（d）活塞顶烧损。

（e）气缸套磨损。

区别 p_c 偏低的原因是扫气压力偏低还是气缸机件故障的依据：绝对压缩压力与绝对扫气压力之比值，对一台既定的柴油机在绝大部分功率范围内是一个恒量。

4. 模拟器设置仿真主机故障结合示功图对运行主机进行工况分析训练

该训练内容以 K-SIM MAN B&W 5L90MC VLCC L11-V 型轮机模拟器为训练平台。

以主机第一缸活塞环严重磨损故障为例，分析主机工况。

（1）进入 K-SIM MAN B&W 5L90MC VLCC L11-V 型全任务轮机模拟器教练站，将模拟器运行在初始状态"MC90-V Full Ahead Loaded"（主机全速满负荷正车运行）。

（2）在教练站，进入模拟器系统 MD21 界面（MD21～MD25 界面均可），在左下角按下主机方面故障设置"M"按钮，找到"M2505 Cyl 1 piston ring wear"，将故障程度设为"80%"（严重级别）。模拟器系统 NO.1 气缸活塞严重磨损故障设置对话框如图 4-54 所示，模拟器系统设置 NO.1 气缸活塞严重磨损故障的操作界面如图 4-55 所示。

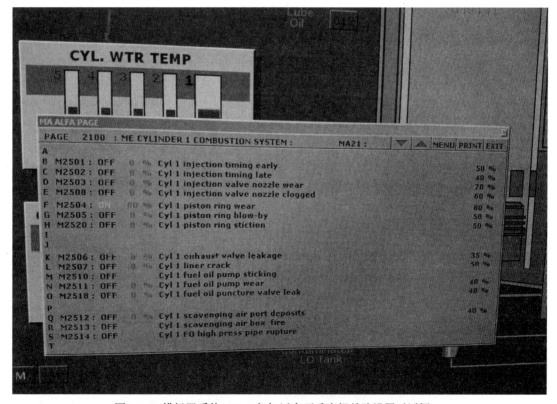

图 4-54 模拟器系统 NO.1 气缸活塞严重磨损故障设置对话框

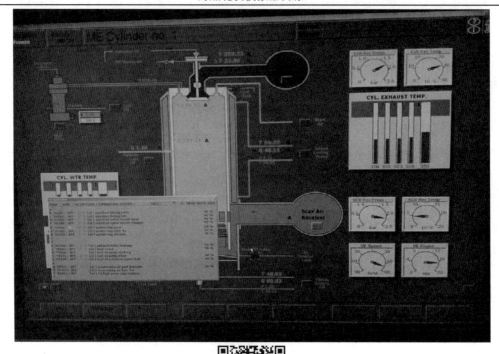

图 4-55　模拟器系统设置 NO.1 气缸活塞严重磨损故障的操作界面

（3）给予学员必要的提示："请注意主机现行工况并查找主机故障"。

（4）学员正确逻辑的操作步骤（供参考）。

①在模拟器外围设备环境中，于仿真集控台（图 4-56）主机工况参数仪表上，以及虚拟机舱的虚拟主机界面上仔细观察主机的油、水、气、排烟等介质的压力、温度等实时数值是否异常。

图 4-56　仿真集控台

②集控台上显示的各缸排烟温度中，NO.1 缸排烟温度明显高于其他缸近 30 ℃（图 4-57）。

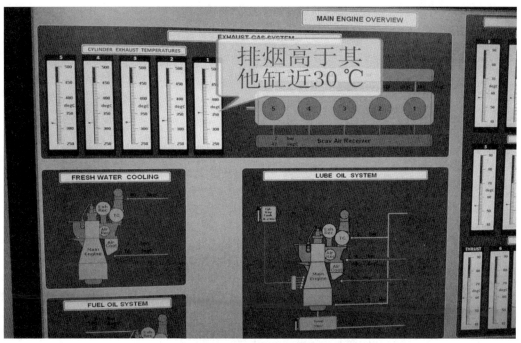

图 4-57　仿真集控台的主机热工参数仪表监测界面

③另外在虚拟机舱的虚拟主机上，也可以观察到主机 NO.1 缸的排烟异常，高于其他各缸（图 4-58）。

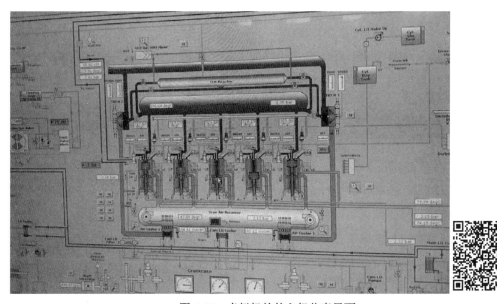

图 4-58　虚拟机舱的主机仿真界面

④在模拟器系统现场工作站，进入 MD120 界面进行主机工况测取"Press/Angle"，

取第一缸和其他某缸（第二缸）对比（图 4-59）。

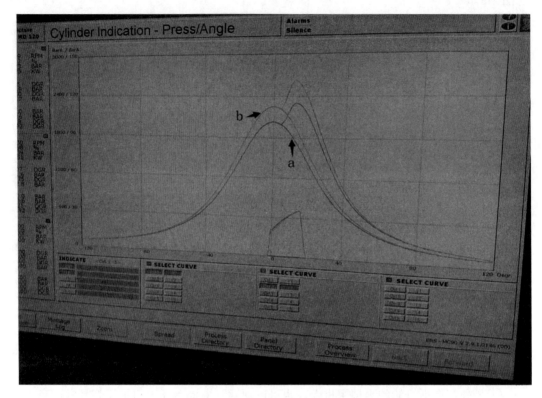

图 4-59　主机测取示功图仿真界面

示功图显示：a 曲线为第一缸示功图，b 曲线为第二缸的示功图，对比发现第一缸的压缩压力和爆压明显低于其他缸一个幅度，显然该缸密封不良。

⑤故障查找定位和处理：在虚拟主机界面上找到故障点 M2504，并按下"Reset"按钮，成功找到主机故障"NO.2 缸活塞环磨损严重"并排除故障，到港后争取第一时间吊缸检查并更换活塞环。

思 考 题

1. 结合模拟器，简要说明进行主机备车要做哪些操作？
2. 结合模拟器，简要说明如何进行主机冲车操作，冲车的目的是什么？
3. 结合模拟器，具体说明主机操作由"驾控"方式转为"集控"方式的操作方法。
4. 结合模拟器，说明备车时集控室与驾驶台的联系程序是怎样的？
5. 结合模拟器，试分析主机无法正常启动的原因（至少 6 条）。
6. 结合模拟器，说明在机动操作主机时，单从操控主机方面应注意哪些操作事项？
7. 结合模拟器，说明在主机离港定速后，就燃油系统和冷却水系统有哪些重要管理工作？

8. 结合主机示功图测取，说明如何分析判断主机喷油器漏油的故障？
9. 结合主机示功图测取，说明如何分析判断主机喷油器喷孔部分堵塞的故障？
10. 结合主机示功图测取，说明如何分析判断主机气缸密封不良的故障？

第 5 章　辅助设备及系统操作与管理

5.1　辅锅炉燃油系统、汽水系统操作与管理

本节操作训练平台为 DMS-2015B 轮机模拟器二维系统相关操作界面(主要在 ID40~ID42 界面"Boiler & Steam System"上完成操作)。

在柴油机作为主动力装置的船舶上,锅炉产生的饱和蒸汽仅用于驱动辅蒸汽轮机、加热燃油、滑油及满足日常生活的需要,这种锅炉称为辅锅炉。在船舶主柴油机的排气管上,一般都装设废气锅炉,废气锅炉不但可以节约燃油,还可以降低柴油机排气噪声,起到节能减排之功效。在以蒸汽轮机为主机的船上,锅炉产生的过热蒸汽用于驱动船舶,故称其为主锅炉,这种形式在普通商船上已经很少采用。商船一般设置一台饱和蒸汽压力为 0.5~1.0 MPa、蒸发量为 0.4~2.5 t/h 的辅锅炉。而油轮则因为需要加热货油、驱动货油泵、清洗油舱等,需要大量蒸汽,故一般应设置 2 台辅锅炉。本轮机模拟器是以一艘 30 万吨级超大型油轮为母型船,蒸汽系统为 2 台燃油锅炉(aux. oil boiler)和 1 台废气锅炉(exhaust gas boiler)组成的联合锅炉为船舶提供蒸汽,并可根据工作需要选择产生蒸汽压力为低压(6 bar)或高压(20 bar)的控制模式。

【初始操作状态】

(1) 船舶于码头或锚地停泊状态。

(2) 压缩空气系统正常运行,空压机控制置于"AUTO"模式。

(3) 主柴油发电机在网发电,发电机系统置于"AUTO"模式,柴油机燃油系统运行于轻油应急系统。

(4) 海水冷却系统已经运行(在 ID30 界面上已完成操作准备),低温淡水冷却系统针对副机冷却环节线路已经正常运行。

【训练目标】

(1) 掌握辅锅炉燃油系统的操作步骤及要领。

(2) 掌握辅锅炉汽水系统的操作步骤及要领。

(3) 掌握辅锅炉燃油系统、汽水系统的日常管理要点。

【训练内容】

在锅炉准备冷炉点火前,主管轮机员应亲自检查锅炉各部分,包括附件、汽水系统、燃烧系统、自动调节系统是否正常。如果是洗炉或修理后的首次点火,轮机长应亲自检查,只有确认一切正常,锅炉内部没有残留工具、棉纱等,才能进行上水工作。燃烧系统也可以提前运行,确认工作正常。

1. 辅锅炉燃油系统操作

辅锅炉燃油系统(图 5-1)包含一对供油泵,可以将燃油日用柜或轻油日用柜内的燃油供入锅炉燃烧器;另外配备一对低硫油(MGO)供油泵,当船舶进入低硫控制区域时,必须启动低硫油供油泵,燃油系统切换使用低硫油。同时配有一对锅炉燃油先导泵,为锅炉点火油头提供轻油点火。锅炉燃油系统中燃烧器可以自动调节锅炉风油比,通过设

置锅炉自动燃烧程序能够保持锅炉蒸汽压力在规定范围之内。

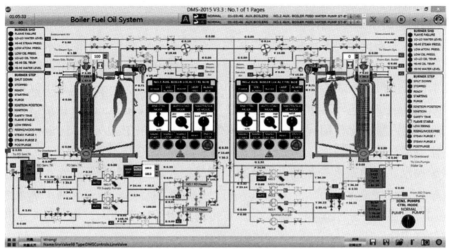

图 5-1　辅锅炉燃油系统仿真界面

（1）启动前分别合上电源，保证锅炉系统及控制箱正常供电。燃油锅炉投入运行前首先需要保证电网的功率足够，否则启动时会请求失败。燃油锅炉电源分为两路：

①1 号锅炉，左主电板 1 号 440 V 负载屏 ID72 3-5。

②2 号锅炉，右主电板 2 号 440 V 负载屏 ID82 10-5。

（2）开启轻油日用柜/重油日用柜至辅锅炉燃油系统的相关燃油阀（在 ID10 界面"M/E Fuel oil Service System"上完成操作）。

（3）将轻油/重油三通转换阀手动调至"DO"位置。

（4）打开混油筒出口截止阀，打开燃油泵进口截止阀，关闭燃油预热器进口截止阀，旁通燃油预热器。

（5）将手动三通阀调节至进锅炉燃烧器，打开回油截止阀。

（6）手动启动一台燃油泵，运行正常后两台都转为自动状态。

（7）检查燃油泵进出口压力及管路是否正常，燃油循环运行显示是否正常。

（8）打开点火油路相关阀门，锅炉启动时自动为点火油头提供轻油点火。

（9）当辅锅炉正常供汽后，将轻油/重油三通转换阀手动调至"FO"位置，开启燃油预热器，锅炉燃油系统切换燃用重油。

（10）锅炉燃油系统的操作可在控制箱或模拟屏上完成，也可以在桌面系统二维仿真界面上完成。

2. 辅锅炉燃油系统管理技术要点

（1）检查并确认燃油系统相应阀件开关正确。

（2）按照正确操作规程启动油泵，检查滤器和调压阀工作状况，确保工作压力正常。

（3）确保燃油系统中各节点上的温度在正常范围内。

（4）确保点火油头和主油头工作正常。

（5）根据需要，采取正确的操作规程对不同品种燃油进行转换操作。

3. 辅锅炉给水系统操作

锅炉给水系统的任务在于向锅炉提供足够数量和品质符合要求的炉水。锅炉失水会导致严重事故，为了保证锅炉工作安全，每台锅炉都设有两套给水管路，其中一套作为备用。本仿真模拟器锅炉给水系统（图 5-2）共有设有 5 台锅炉给水泵，用以将热水井内的锅炉水泵入锅炉水包，其中包括一对经济型（E. G. E Feed Pumps）锅炉给水泵，通常是在航行中用汽量小时使用，另外 3 台辅锅炉给水泵（Aux Boiler Feed Pumps），通常是在货油作业用汽量大时使用。锅炉给水泵可以通过 MIMIC 屏启动、停止。

锅炉热水井可由造水机蒸馏水柜补水，同时接收蒸汽冷凝器的回水。回水首先进入凝水观察柜，观察柜上设有一个观察孔，可以通过其察看回水是否含油。热水井可以通过蒸汽加热提高锅炉给水温度。热水井具有过滤水中污物和油污、加入补充水和投放水处理药剂等用途。

锅炉给水管路上还接入投药柜，投药柜内为按照锅炉说明书配置的能够去除锅炉管壁水垢的化学药水，经投药泵泵入锅炉水包。

炉体旁配有一个锅炉炉水采样器，可以通过其将水包内水取出进行分析，作为投药依据。采样器用低温淡水进行冷却。

上水前，应检查炉水舱中水的质量，并向锅炉内加入水处理药剂，使炉水的碱度和磷酸根值符合规定要求。上水时，水温与锅炉金属的温度之差不宜超过 20 ℃，尤其不要向热锅炉中加入大量冷水，以免产生过大的温度应力引起扩管处松动漏泄。上水时最好轮流使用主、副给水系统，以确认两个系统的工作均为正常。

上水的数量视锅炉的型式而定。对于火管锅炉应上水至水位计观察窗的最上缘，以便在升汽后通过底部排污、分数次将位于锅炉底部温度较低的炉水放掉，使整个锅炉的温度均匀升高。对于水管锅炉上水至水位计的最低水位处，因为蒸汽产生后，炉水含有气泡而发胀，水位会自行升至正常水位。

上水时，除空气阀，压力表阀及水位计的通水阀，通汽阀应保持开足外，其他阀门、人孔门、手孔门应一律关闭或上紧。停汽阀在关死后应再回转 1/4～1/2 转，以防升汽后阀杆因受热膨胀将阀盘顶死在阀座上，致使开启困难。上水时，应查看水位计是否完好，表面是否清晰透明，两只水位计的水位高度在船舶无倾斜的状态下是否相同。同时注意锅炉水空间的每一接合部分（手孔、管端等）有无渗水现象。

具体操作步骤如下：

（1）系统启动前先检查锅炉热水井的水位和水质情况，确保正常。

（2）开启锅炉给水系统管路上相关阀门，注意进水务必通过水位自动调节装置，应急给水管路上进水阀保持关闭。

（3）锅炉给水务必通过盐分监测器，非紧急时其旁通阀保持关闭。

（4）手动启动一台经济型锅炉给水泵，运行正常后两台都转为自动状态。

（5）检查锅炉给水泵进出口压力及管路是否正常。

（6）锅炉给水系统的操作可在控制箱或模拟屏上完成，也可以在桌面系统二维仿界面上完成。

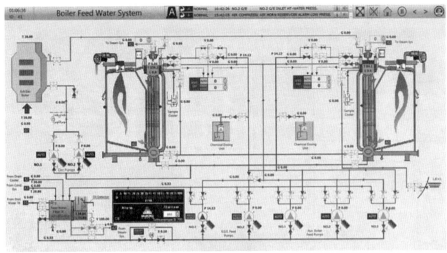

图 5-2　锅炉给水系统仿真界面

4. 辅锅炉蒸汽系统操作

蒸汽系统任务在于将不同压力的蒸汽送至各个用汽处，对需要用蒸汽加热或驱动的设备进行服务。本仿真模拟器蒸汽系统（图 5-3）包括三个部分：

（1）从 2 台辅助锅炉和废气锅炉所产生的蒸汽，通过锅炉顶部的停汽阀输出的过饱和蒸汽，工作压力为 1.96 MPa，直接供给货油泵透平系统和压载泵透平系统。

（2）通过一级减压（1.96/0.98 MPa）的蒸汽，供给锅炉自身的设备使用。

（3）再通过二级减压（0.98/0.59 MPa）的蒸汽，经过并联的方式从主管路分流到每个用汽设备中去。所有蒸汽在换热之后形成汽水混合物再流经水系统中的回水冷凝器（drain cooler），冷凝成适合温度的水再流到热水井中，形成锅炉补充水的来源。

具体操作步骤如下：

（1）升汽前关闭主供汽阀，关紧后再回转 1/4~1/2 转，以防升汽后阀杆因受热膨胀将阀盘顶死在阀座上，致使阀门开启困难。

（2）蒸汽系统送汽前先检查各管路上的所有阀门，保持关闭状态。

（3）在送汽前，应先进行暖管。把主汽管上的泄水阀打开，将残水放出。

（4）当汽压达到额定工作压力后，再慢慢打开停汽阀供汽，以防产生过大的温度、应力和水击。

（5）如果 2 台锅炉同时投入工作，应先使两者的汽压相同，而后并汽。

（6）根据工作需要逐步开启各分支管路阀门，开启时同样需要慢慢打开，对蒸汽管路预热。

（7）检查蒸汽系统管路是否正常，确保没有漏汽现象。

（8）蒸汽系统的操作可在控制箱或模拟屏上完成，也可以在桌面系统二维仿真界面上完成。

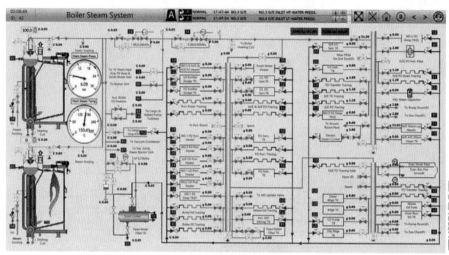

图 5-3　锅炉蒸汽系统仿真界面

5. 辅锅炉真空冷凝系统操作

凝水系统的任务在于回收各用汽设备的蒸汽凝水，并防止混入水中的油污进入锅炉。各处供加热的蒸汽，在加热管中放出热量后凝结为水，并经各加热设备回水管上的阻汽器流回热水井。因为阻汽器总会漏过一些蒸汽，并且当凝水流出阻汽器时，压力降低也会产生二次蒸汽，所以凝水在进入热水井前需先经大气式冷凝器冷却，使其中的蒸汽凝结，然后才流回热水井。

真空冷凝系统（图 5-4）是保证货油泵和压载泵正常运行必要系统，启动货油泵和压

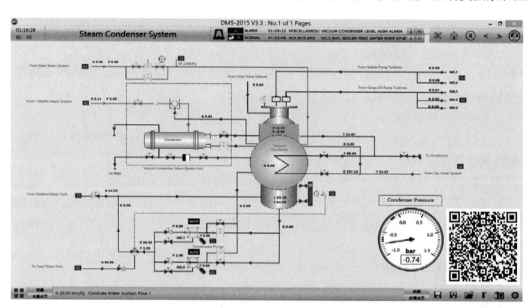

图 5-4　真空冷凝系统仿真界面

载泵透平时,首先要保证真空冷凝的冷凝压力有一定的真空度。此过程是通过海水冷却和蒸汽抽射来维持真空:

(1) 打开真空冷却海水泵,或打开主海水泵通往真空冷凝系统的出口阀提供冷却水(在 ID30 界面"Sea Water Cooling System"上完成操作)。

(2) 打开真空引射的蒸汽阀门,抽真空。

6. 辅锅炉汽水系统管理技术要点

(1) 检查并确保蒸汽管系无泄漏,管系畅通。
(2) 检查并确保蒸汽旁通阀工作正常。
(3) 确保大气冷凝器工作正常。
(4) 确保回水系统的疏水阀工作正常。
(5) 定期化验炉水、排污和投药,确保炉水水质满足要求。
(6) 尽量保证热水井内的水处于较高温度。
(7) 确保锅炉供水泵工作正常。

5.2 辅锅炉点火升汽操作与运行管理

本节操作训练平台为 DMS-2015B 轮机模拟器二维系统相关操作界面(主要在 ID40～ID42 界面"Boiler & Steam System"上完成操作)。

DMS-2015B 轮机模拟器燃油锅炉控制功能主要通过锅炉控制箱(图5-5)完成。

图 5-5 锅炉控制箱仿真界面

锅炉控制箱中设置了如下控制及显示设备:
➢ 控制电源指示("POWER");
➢ 停炉报警指示("SHD ALARM");
➢ 报警蜂鸣器("BUZZER");
➢ 测试("LAMP TEST");
➢ 报警确认("ALARM ACK.");

➢ 锅炉操作模式（"BNR CTRL MODE"）多位选择开关，包括应急（"EMCY"）、停炉（"STOP"）、手动（"MANU"）、自动（"AUTO"）四种模式；
➢ 自动负荷控制模式（"AUTO LODA MODE"），包括低压（6 bar）和高压（20 bar）两种控制模式；
➢ 锅炉主/从控制模式（"MASTER/SLAVE MODE"），包括独立运行（"ALONE"），主锅炉模式（"MASTER"）及从锅炉模式（"SLAVE"）；
➢ 手动启动按钮（"MANU START"），在手动模式下启动锅炉；
➢ 手动停止按钮（"MANU STOP"），在手动模式下停止锅炉；
➢ 手动负荷控制开关（"MANU"），手动增加和减少；
➢ SHD 复位按钮（"RESET"），对产生 SHD 信号进行复位；
➢ 应急停止（"EMCY STOP"），应急情况下停止锅炉。

【初始操作状态】
（1）船舶于码头或锚地停泊状态。
（2）NO.1 主柴油发电机在网发电，发电机系统置于"AUTO"模式，柴油机燃油系统运行于轻油应急系统。
（3）海水冷却系统已运行，低温淡水冷却系统已正常运行。
（4）辅锅炉处于冷炉状态。

【操作目标】
（1）掌握辅锅炉点火升汽前的准备工作。
（2）掌握辅锅炉点火、升汽、停炉的操作步骤和注意事项。
（3）掌握辅锅炉运行时的各项管理工作。
（4）掌握并能够分析控制面板上的故障报警。

【操作内容】
1. 辅锅炉点火升汽操作

冷炉点火升汽时，为了使锅炉各部分的温度均匀，以手动控制燃烧过程为宜。燃烧不要太猛，也不要连续，一般是烧 0.5～1 min，停 10～15 min，以免产生过大的热应力。燃油锅炉在点火时一定要进行充分的预扫风工作，将炉内积存的油气彻底吹净后方能进行点火操作。如第一次点火失败，在第二次点火之前，仍要进行预扫风。对于自动程序控制的锅炉，在点火前应检查控制系统的时间程序继电器、燃油电磁阀是否可靠。万一发生冷炉爆炸，应立即关闭燃油截止阀并停止油泵。

点火成功，空气阀开始喷出蒸汽后，即可将其关闭，此时压力表开始显示压力，在升汽过程中应冲洗水位计数次，使玻璃板逐步加热。当压力升至 0.3～0.4 MPa 时，对停炉时曾拆卸过的螺栓、人孔与手孔应再拧紧一次。当压力达到额定工作压力后，进行表面排污，排去水面上的杂质和油污。

（1）辅锅炉冷态下手动轻油点火升汽操作。
①检查锅炉水位及给水系统中各阀门的开闭状态是否正确，油柜油位及燃油系统中的阀门是否在正确位置。
②打开轻油日用柜至锅炉的出口阀门（速闭阀）。
③将轻油/重油三通转换阀手动调至"DO"位置。

④打开混油筒出口截止阀,打开燃油泵进口截止阀,关闭燃油预热器进口截止阀,旁通燃油预热器。

⑤将手动三通阀调节至进锅炉燃烧器,打开回油截止阀。

⑥启动一台燃油泵后,将两台燃油泵置于"AUTO"模式。

⑦确保点火油泵供油管路的阀门保持正常的开启位置。

⑧确保控制空气和雾化空气已经准备好。

⑨复位所有的 SHD 报警,为锅炉启动做准备。

⑩将锅炉控制模式置于"MANU"模式,按下手动启动按钮,系统发出请求信号,请求成功后,风机启动运行,开大风门开始预扫风 60 s。

⑪预扫风结束后控制系统将自动调节风门至最小位置,为点火做准备。

⑫之后,开始点火,"IGNITION ON"标志点火成功。

⑬当点火成功后,自动关闭点火油泵。

⑭在手动点火模式下,控制系统会保持在最小供油量(15%),可以手动增加和减少供油阀的开度,使锅炉慢慢加热。

⑮当锅炉有一定的汽压后,慢慢开启主停汽阀门,开始往外供汽。

⑯当锅炉汽压在 3 bar 以上时,将开启雾化蒸汽阀(ID42 界面),关闭雾化空气阀(ID54 界面)。

(2)自动轻油点火操作。

①自动轻油点火操作时序基本与手动一样,只是锅炉根据汽压的大小自动启停。

②与手动模式一样准备好系统,将锅炉控制模式开关打到"AUTO"模式,自动完成点火时序及自动启停。

2. 燃油系统使用轻油转换为使用重油操作

(1)当锅炉产生蒸汽后,开启用汽阀门,对重油柜进行加温,同时打开蒸汽加热盘管进行加热,开启燃油预热器。

(2)将轻油/重油三通转换阀手动调至"FO"位置,开启燃油预热器,锅炉燃油系统切换燃用重油。

(3)保证燃油温度在 90~140 ℃之间。

3. 手动停炉操作

(1)在"MANU"模式下按下"MANU STOP"按钮,锅炉启动停止时序,包括蒸汽吹扫,后扫风时序。

(2)停供油泵。

4. 自动启、停炉操作

(1)低压自动模式运行时:蒸汽压力低于6.2 bar时,锅炉按照时序自动点火燃烧;高于7.0 bar时,锅炉按时序自动停炉。

(2)高压自动模式运行时:蒸汽压力低于20.2 bar时,锅炉按照时序自动点火燃烧;高于21.0 bar时,锅炉按时序自动停炉。

5. 辅锅炉的停用操作

(1)关闭供汽阀,自动控制改为手动控制并停火。

(2)手动补水至高水位后,进行表面排污。

（3）保持给水位在3/4左右，让锅炉自然冷却。
（4）当锅炉压力表指针指零时，打开空气阀，以免锅炉中产生真空。
（5）只有当炉水温度下降至50 ℃时，才允许放空。
（6）紧急情况时，当蒸汽压力下降至0.3 MPa时，允许通过底部排污阀将炉水放空。
（7）锅炉停用期间，仍需妥善保护，以防腐蚀，可根据停用期长短采用干、湿保护。

6. 废气锅炉系统操作

废气锅炉采用主机排烟温度加热锅炉水，形成温度较高的汽水混合物，从而达到废热回收、提高经济性之目的。

废气锅炉系统包括一对锅炉循环水泵，该泵将锅炉水包内的锅炉水循环至废气锅炉加热，之后再次循环回燃油锅炉。

废气锅炉一般当主机运转后才投入运行，启动一台锅炉循环水泵并要保证其良好的水循环，启动后把水泵控制设为自动模式。

废气锅炉内设有吹灰器，用蒸汽去除废气锅炉内加热翅片上的导热率较低物质，保证废气锅炉的正常工作。

7. 辅锅炉运行管理技术要点

锅炉正常运行中的管理工作主要是监视水位、汽压、油压、油温、风压、炉内的燃烧情况、排烟的颜色及给水和炉水水质的分析与处理等。管理上应注意以下几个方面：

（1）辅锅炉冷炉点火前应认真检查锅炉各部分，包括附件、汽水系统、燃烧系统、自动控制系统是否处于正常状态。

（2）上水前，应检查热水井的水位与水质，保证向锅炉补充合乎要求的炉水，补水时水位不应补得过高，以免加热后，炉水的膨胀造成炉水水位超过最高水位界限。

（3）对水位的监视极为重要，即使装有给水自动调节设备也不能放松。高负荷的锅炉只要给水停止1~2 min就会导致严重后果。锅炉工作时水位计的水位应处于波动状态，若发现水位计水位长久静止不动，则表明通水接管堵塞或上、下两个接管同时堵塞；若发现水位一直在上升，有可能是通汽接管堵塞，这时应冲洗水位计。

（4）燃油锅炉点火前，一定要对炉膛进行充分的通风，以排净炉内的油气，防止点火时由于油气过浓造成爆炸。

（5）升汽过程中应冲洗水位计数次，使玻璃板逐步加热，当达到额定的工作压力后，应进行表面排污，排去水面上的杂质和油污。送汽前，应先进行暖管，再缓慢打开停汽阀供汽，以防产生过大的温度、应力和水击。

（6）汽压如果超过安全阀的开启压力，但安全阀尚未开启，则必须用人力强行开启。如果安全阀虽自动开启，但汽压长久降不下来，则应立即停炉。锅炉安全阀及压力表每年检查一次。锅炉有压力时，禁止对其猛敲。

（7）锅炉正常运行时应定期检查汽压、水位、油位、油温和炉内的燃烧情况，并检查各部件和系统工作是否正常。

（8）注意观察辅锅炉的燃烧情况，锅炉燃烧好坏主要是通过观察炉膛中火焰颜色、火炬形状和烟囱排烟颜色来帮助判断。燃烧良好的标志是火焰呈橙黄色；炉膛内略显透明，依稀可见炉膛的后壁；烟囱排烟显浅灰色。如果炉内火焰发白，炉膛内极透明，烟色太淡几乎看不见，则表明空气量太多。如发现火焰呈暗红色，火焰伸长跳动并带火星，炉内模糊不清，烟色加深直至浓黑，则表明空气量太少或燃油雾化不良，与空气混合不好。火焰颜色正常，但烟囱冒白烟，这可能是炉内有漏水、漏汽使烟色变白。锅炉燃烧时炉膛火焰中有飞溅的火星，往往是因为有大量的油粒燃烧时产生的碳粒。为获得完全燃烧，应保持燃油系统中的油压、油温和风压稳定在规定的数值。经常注意滤器前后的油压差，一般超过 0.05 MPa 时要及时换洗滤器。若发现喷油器雾化不良，火焰歪斜、变长，应检查喷嘴是否磨损或局部堵塞。

（9）防止凝水油污。发现凝水观察柜或热水井中有油时，应将其中的水泄放舱底，立即检查油加热管是否漏泄，并停止已被油污染的凝水返回热水井。若油进入锅炉水空间，会使水垢热阻更大，有烧坏受热面的危险。

（10）锅炉水处理。锅炉正常运行中应定期化验炉水，根据化验的结果按需进行投药和排污。表面排污应每天按规定进行，排污时应注意观察水位。

（11）为避免突然熄火，要定期清洗燃油日用柜，防止油柜的蒸汽加热管漏泄，并经常排放日用柜底部的水分和杂质。在大风浪天气，沉淀在油柜底部的水分和杂质翻腾起来，可能使滤器堵塞或燃油系统进水，会造成熄火。

（12）锅炉须定期用吹灰器除灰及人工除灰。吹灰的间隔时间需根据受热面积灰的情况而定，一般航行时废气锅炉每天除灰一次，燃油辅锅炉则连续工作 3~4 周吹灰一次。

5.3 舱底水系统操作与管理

本节操作训练平台为 DMS-2015B 轮机模拟器二维系统相关操作界面（主要在 ID120 界面"Bilge System"中完成操作）。

舱底水系统（图 5-6）主要包括：

（1）1 台舱底水泵，主要作用是把机舱的舱底污水排入舱底水舱、干净舱底水舱，也可以将舱底污水直接排到甲板通岸接头送至岸上接收设备。

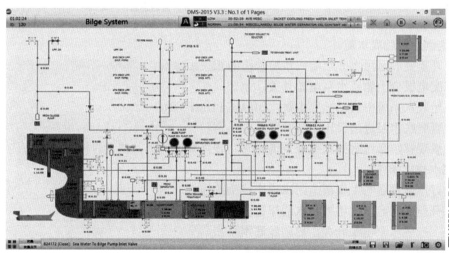

图 5-6 舱底水系统仿真界面

（2）1 台消防舱底压载泵和 1 台消防通用泵也跟舱底水系统连接，在机舱大量进水的紧急情况下，将污水及时排出舷外，避免因大量进水损坏设备，引起故障，影响系统正常运行。在正常情况下，舱底水不能直接排出舷外，要通过污水处理系统油水分离器装置处理后才能排出舷外。因此这两台泵和舱底水系统连接的相关阀门都需要铅封，防止平时误操作。

（3）2个舱底水舱。一个是干净舱底水舱，另一个是通用舱底水舱，平常可以先将舱底水收集到通用舱底水舱，待静止沉淀后再把较干净的污水排到干净舱底水舱内，避免在通过油水分离器装置处理时因船体摇晃所出现的报警现象。

（4）机舱舱底设有3个污水井，前部左右2个，尾部1个，收集机舱的所有污水。污水井设有高位报警装置，监测污水井水位情况。

（5）主甲板左右各设有1个国际通岸接头，作为污水送岸时对接。

【初始操作状态】

（1）船舶在港或航行中。

（2）1台主柴油发电机在网发电，发电机系统置于"AUTO"模式。

（3）2台燃油锅炉运行于"蒸汽低压、自动燃烧、主辅协同"，燃用重油（在ID40～ID42界面"Steam System"中已经完成正确操作）。

【训练目标】

（1）熟悉掌握舱底水系统的组成。

（2）掌握舱底水系统的操作程序和管理方法。

（3）掌握机舱大量进水时的应急处理步骤。

【训练内容】

机舱舱底水系统的驳运操作。平时把污水井中的污水收集到通用舱底水舱由值班人员进行操作即可，如果是驳运至岸基设备或油水分离处理时，必须在轮机长的指导下由分管轮机员进行操作，以防发生污染事故。

具体操作步骤如下：

1. 舱底水系统驳运操作

（1）平时值班人员巡视机舱时务必查看污水井情况，负责人定期检查，必要时把污水井的水收集到通用舱底水舱。

（2）打开需要驳运污水井至舱底水舱管路的相关污水阀。

（3）在配电板合上舱底水泵电源开关。

（4）在舱底水系统中启动舱底水泵"BILGE PUMP ON"。

（5）检查舱底水泵进出口压力及管路是否正常。

（6）注意观察，当污水井水位降到低位时，转排其他污水井或及时停泵。

2. 舱底水排岸操作

（1）做好岸基设备与主甲板上污水通岸接头的连接。

（2）打开舱底水舱至主甲板污水通岸接头管路的相关污水阀。

（3）合上舱底水泵电源开关，启动舱底水泵。

（4）检查舱底水泵进出口压力及管路是否正常。

（5）在排岸过程中注意观察、细心操作，甲板和机舱值守人员保持联络，谨防污水泄漏造成污染。

（6）发现有异常情况或舱底水舱水位至低位时，应及时停泵。

3. 机舱舱底大量进水时应急排水的操作

（1）当舱底水还没有漫过应急舱底水阀吸口时，可使用消防舱底压载泵和消防通用泵排水，开启这两台泵的进出口阀和出海阀，并打开舱底水直接吸入阀吸取机舱污水井舱底水经单独出海阀排出舷外。

（2）当舱底水漫过应急舱底水阀吸口时，关闭机舱左右高低位海底阀，开启应急舱底水阀（在 ID30 界面"Sea Water Cooling System"中完成操作）。

（3）关闭与机舱应急舱底水阀直接接通的 NO.3 主海水泵的海水进口阀，开启该泵出口阀。

（4）启动与机舱应急舱底水阀直接接通的 NO.3 主海水泵吸取机舱舱底水，经海水冷却系统从出海阀排出舷外。

（5）如以上泵排量仍不足以减少进水量，而主海水管是完好的，同时也可启动其他主海水泵参加排水。但应根据舱底水量多少调整应急排水的泵数，以免泵多水少，导致泵浦抢水吸空而影响排水。

（6）当机舱因故大量进水而危及船舶安全时，在启用所有能向舷外排水设备应急排水的同时，应迅速组织人力尽快找出进水原因，采取最快、最有效的堵漏措施，阻止水继续进入机舱，以保障船舶和人员的安全。

4. 机舱舱底水系统管理技术要点

（1）对机舱内泵、管系等设备要经常检查和保养，避免由于漏泄产生过多的机舱污水。

（2）对污水井的液位警报要定期测试，确保其良好的工作性能。

（3）发现机舱内污水异常增多，要立即查明原因并解决，避免机舱积累大量污水。

（4）对机舱舱底水系统内的滤器要定期清洗，避免堵塞。

（5）机舱产生的舱底污水最好先收集到污水柜进行初步净化分离再通过油水分离器排出。

（6）正常情况下必须得到轮机长的许可，才能通过油水分离器排出机舱污水。

（7）如果需要向舷外排出舱底水，应该在白天航行中进行，联系值班驾驶员确认允许排放海域、并协助查看海面情况。

（8）所有涉及机舱舱底污水的操作都应按要求记录到油类记录簿，并在船保存3年。

5.4 油水分离器启动操作与运行管理

本节操作训练平台为 DMS-2015B 轮机模拟器二维系统相关操作界面（主要在 ID121 界面"Bilge Separator"中完成操作）。

1. 油水分离器

油水分离器是船舶上重要防污染设备，DMS-2015B 轮机模拟器油水分离装置为 TURBULO MPB 油水分离装置。在油水分离器投入运行前首先要满足以下条件：

（1）油水分离器正常供电（ID45 界面 P2-5，P2-6）。

（2）油分浓度监控装置淡水冲洗。

（3）污水井液位或污水柜液位在中位以上。

（4）淡水柜水位在正常位置，出口阀已开。

2. 油水分离器控制箱

MIMIC 屏上设置了一个油水分离器控制箱（ID121 界面），该控制箱上的设备如下（图5-7）：

（1）ppm值液晶显示屏。

（2）报警试验按钮、Alarm1和Alarm2报警值设定按钮。

（3）电源指示灯、油浓度高2级报警指示、系统故障报警指示。

（4）加热指示灯和加热开关。

（5）油水分离器泵（BIL. SEP. PUMP）的启动/停止"PUMP ON / PUMP OFF"按钮。

（6）手动排油按钮。

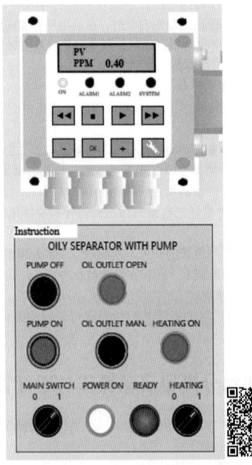

图5-7 油水分离器控制箱仿真界面

3. DMS-2015B 轮机模拟器油水分离装置工作原理

配套泵将舱底水送至分离器一级分离柜，进行初步油水分离。大油滴浮至顶部，含有小颗粒油滴的污水向下进入二级分离柜,在内部进行聚结分离,形成较大油滴,再上浮至顶部集油室。符合排放标准的水则向下经分离器底部排出,流向三通阀,排出舷外。

当分离出的污油在顶部聚集到一定程度时,油位检测器触发信号,使电磁先导阀开启。压缩空气经过电磁阀进入气动阀上部,打开气动阀,集聚在一级分离柜的污油通过上部气动阀排向污油柜。

本系统配有油分浓度报警器,经取样测量后能够直接由数码管显示出排放水中的含油量(ppm 值);当排放水中的含油量超过 Alarm1 报警设定值(IMCO 规定 15 ppm)时,警报回路指示灯 1 亮,当排放水中的含油量超过 Alarm2 报警设定值时,警报回路指示灯 2 亮,同时延时继电器动作,控制排放水电磁阀,使三通阀通向舱底或污水舱,要排放的污水返回舱底或污水舱,如报警没有消失,再延时一段时间,配套泵停止运行。

为使集油室中高黏度的油畅通地排出,并防止污油黏在油位检测器上造成控制失灵,设置了电加热系统以及蒸汽加热系统。

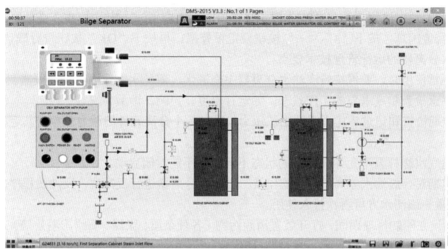

图 5-8 舱底水分离器系统仿真界面

【初始操作状态】

(1)船舶在航行中,且距最近陆地 12 n mile[①]以外。

(2)机舱所有运行设备都处于正常状态。

(3)污油柜和污水柜液位适量。

【训练目标】

(1)熟悉机舱污水处理的法规。

(2)掌握油水分离器的操作步骤及管理要点。

(3)通过手动或自动操作保持系统正常运行。

【训练内容】

当需要对机舱舱底含油污水进行处理时,正常情况下分管轮机员必须得到轮机长的许可,才能通过油水分离器处理排出机舱污水。具体操作步骤如下:

---

① 1 n mile = 1 852 m(只用于航行)。

1. 油水分离器启动操作

（1）系统正常供电后，保持清水流过采样管一段时间。检查显示板，指示值应在 0～2 ppm。如果指示值不准确，应对装置进行调整并清洗玻璃镜。

（2）将装置的采样供给从清水供应转到油水分离器采样点连接，准备投入正常运行。

（3）打开吸入/排出阀和压缩空气阀，保证压缩空气压力表指示压力大于 0.2 MPa。

（4）打开淡水阀，泵启动前避免干运转。

（5）加热器打开，内部温度在 60～75 ℃之间。

（6）手动排油测试正常。

（7）启动油水分离器泵。

（8）装置运行结束，用清水冲洗系统，停用期间，装置保持满水。

（9）改变报警值：按下"工具"按钮进入菜单设置，再通过"+""−"按钮选定要设置的报警等级（一级报警"SV1"和二级报警"SV2"，当触发二级报警时，监测装置会进行报警和旁通电磁阀打开，"PV"表示目前监测的实际值），按下"OK"按钮，选中等级的报警值闪烁，按下"+""−"按钮设定报警值，再按下"OK"按钮进行确认。

2. 油水分离器的运行管理技术要点

（1）正常使用时，要保持舱底油水分离器中充满水，避免水中浮油污染聚凝器。

（2）注意检查舱底水泵的工作状态，如运行温度、声响、泄漏情况等。

（3）定期检查和记录各压力表的工作压力，通过各个分离元件的压力差判定其运行状态。

（4）舱底水螺杆泵不允许在无水的状态下运行且不能封闭启动。

（5）定期对一级油水分离器、精滤器及二级油水分离器进行反冲洗，反冲洗程序完成后需将装置充满清水方可再次投入使用。

（6）建议在船舶修理期间，打开装置清除污物（各种杂质、淤泥、石蜡附着层等），检查装置内部防腐层的氧化度，必要时修补防腐层。

（7）当聚凝器的工作压差大于 0.05 MPa 或安全阀发生滴漏时，说明聚凝器堵塞，应打开人孔盖，更换聚凝器。

（8）当长时间中断使用时，应关闭电源，旋出调流盖，清洗取样室内的玻璃管，并放尽残水。

（9）当环境温度在 1 ℃以下时，取样室内的残水应放干，以避免玻璃管破裂，同时要把清水和取样水的进口阀关闭。

5.5 船用焚烧炉启动操作与运行管理

本节操作训练平台为 DMS-2015B 轮机模拟器二维系统相关操作界面（主要在 ID122 界面"Incinerator System"中完成操作）。

油渣处理系统包括：焚烧炉装置（"INCINERATOR"）、污油泵（"SLUDGE PUMP"）、废油柜（"WASTE OIL TANK"）、舱底混油柜（"OILY BILGE TANK"）、燃油分油机油渣柜（"F.O PURIFIER TANK"）、滑油分油机油渣柜（"L.O PURIFIER TANK"）、

炉灰收集柜（"SOOT COLLECT TANK"），油渣系统仿真界面如图 5-9 所示。

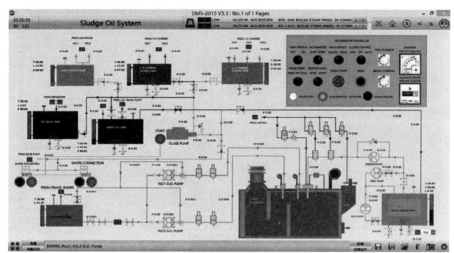

图 5-9　油渣系统仿真界面

焚烧炉用于将船舶生活垃圾及污油等进行焚烧处理，从而保证海洋环境的清洁。DMS-2015B 轮机模拟器焚烧炉装置为 ATLAS 200 SL WSP。

焚烧炉装置包括：焚烧炉装置本体及控制面板（"INCINERATOR CONTROLER"）、污油泥柜（"SLD.O.MIXING"）及加热器、粉碎泵（"MILL PUMP"）、配置泵（"DOSING PUMP"）、循环泵（"CIRC PUMP"）、轻油柜（"D.O. SERVICE TANK"）、1 号轻油泵和 2 号轻油泵（"NO. 1 D. O. PUMP & NO. 2 D. O. PUMP"）。

MIMIC 屏上设有焚烧炉控制面板（图 5-10），具有以下主要功能：

（1）焚烧炉系统运行指示灯和火焰故障报警指示灯。
（2）液体垃圾和固体垃圾切换按钮。
（3）启动点火按钮。
（4）内外渣门切换按钮。
（5）渣油油头清洁按钮。

焚烧炉投入运行前需要保证正确的供电（ID45 界面 P2-4）及其专用轻油柜中有足够的轻油使用。

当焚烧液体垃圾时，离心式粉碎泵从液体垃圾箱吸入液体垃圾，并将其粉碎混合后，通过液体垃圾循环泵和液体垃圾配置泵，输送至燃烧室进行燃烧。由于液体垃圾的热值不稳定，有时高，有时低，因此单独燃烧时可能出现燃烧不充分或熄火的现象，为了保证炉内温度稳定，防止变化过大，所以要根据炉内温度（正常燃烧时的温度在 800～1 000 ℃）自动控制液体垃圾配置泵的转速。

如果固体垃圾与液体垃圾一起焚烧时，则应先将固体垃圾通过装料门加入到燃烧室中，然后再启动液体垃圾燃烧系统。

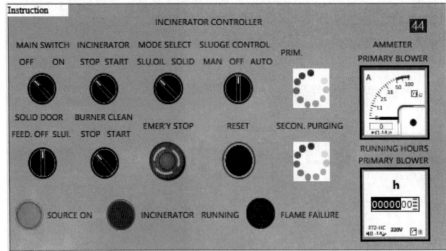

图 5-10　焚烧炉控制面板仿真界面

【初始操作状态】

（1）船舶在航行中，且距最近陆地 12 n mile 以外。

（2）机舱所有运行设备都处于正常状态。

（3）污油柜和废油柜液位适量。

【训练目标】

（1）掌握焚烧炉使用前的各项准备工作。

（2）掌握焚烧固体垃圾的操作步骤及如何加料和除渣。

（3）掌握焚烧油渣的操作步骤及管理要点。

【训练内容】

焚烧炉可以焚烧液体垃圾和固体垃圾，具体操作如下：

1. 焚烧固体垃圾基本操作

（1）启动焚烧炉。

启动主鼓风机（"MAIN SWITCH"开关合到"ON"，"INCINERATOR"开关合到"START"），可通过变量设置界面设定计时器。

（2）将两台轻油泵前后的管路阀件打开，轻油泵会由程序控制自动启动。

（3）将"MODE SELECT"开关合到"SOLID"，"SLUDGE CONTROL"开关合到"AUTO"；启动焚烧炉并经过 30 s 的预扫风时间后，二级燃烧腔中的二级油头将启动。

（4）火焰控制。

根据腔室的温度，启动油头被点燃或熄灭时，火焰控制可以被连续激活。万一火焰控制失败，延时 1 s 警报被激活。

(5) 启动燃烧。

当二级燃烧腔的温度达到 400 ℃（752 ℉）时，一级燃烧腔中的一级油头点火，开始燃用轻柴油供应，二级油头持续点火，一级油头、油渣油头、二级油头都配备有可连续激活的火焰控制。

(6) 按下加料槽面板上的按钮激活加料槽，外部加料门锁闭，内部加料门打开，供给可燃废物料。

(7) 二级燃烧腔预加热的停止。

当二级燃烧腔的温度达到 930 ℃（1 706 ℉）时，二级油头的点火将停止，轻柴油管路上的电磁阀关闭，鼓风机持续运转。

(8) 二级燃烧腔加热的再启动。

当温度下降到 830 ℃（1 526 ℉）以下时，二级油头将重新启动。

(9) 停止燃烧。

停止轻柴油供应到一级和二级油头。主鼓风机、一级油头鼓风机、二级油头鼓风机按冷却程序工作。

(10) 停止焚烧炉。

当焚烧炉的温度下降到 100 ℃（212 ℉）以下，冷却程序停止，鼓风机停止 30 min 后，切断控制面板上的主开关（"MAIN SWITCH"合到"OFF"）。

2. 焚烧油渣基本操作

(1) 启动焚烧炉。

启动主鼓风机（"MAIN SWITCH"开关合到"ON"，"INCINERATOR"开关合到"START"），可通过变量设置界面设定计时器。

(2) 将两台轻油泵前后的管路阀件打开，轻油泵会由程序控制自动启动。

(3) 将"MODE SELECT"开关合到"SLU. OIL"，"SLUDGE CONTROL"开关合到"AUTO"；启动焚烧炉并经过 30 s 的预扫风时间后，二级燃烧腔中的二级油头将启动。

(4) 火焰控制。

根据腔室的温度，启动油头被点燃或熄灭时，火焰控制可以被连续激活。万一火焰控制失败，延时 1 s 警报被激活。

(5) 启动燃烧。

当二级燃烧腔的温度达到 400 ℃（752 ℉）时，一级燃烧腔中的一级油头点火，开始燃用轻柴油供应，当温度达到 600 ℃（1 112 ℉）时，油渣供应到油渣油头，并在设定范围 850~950 ℃（1 562~1 742 ℉）内自动操作，二级油头持续燃烧。

(6) 二级燃烧腔预加热的停止。

当二级燃烧腔的温度达到 930 ℃（1 706 ℉）时，二级油头的点火将停止，轻柴油管路上的电磁阀关闭，鼓风机持续运转。

(7) 二级燃烧腔加热的再启动。

当温度下降到 830 ℃（1 526 ℉）以下时，二级油头将重新启动。

（8）一级燃烧腔加热的再启动。

当温度下降到 810 ℃（1 490 ℉）以下时，轻柴油将被供应到油头。

（9）停止燃烧。

停止轻柴油供应到一级油头和二级油头，停止供应油渣到油渣油头，主鼓风机、一级油头鼓风机、二级油头鼓风机按冷却程序工作。

（10）停止焚烧炉。

当焚烧炉的温度下降到 100 ℃（212 ℉）以下时，冷却程序停止；鼓风机停止 30 min 后，切断控制面板上的主开关（"MAIN SWITCH"合到"OFF"）。

3. 焚烧炉运行管理技术要点

（1）至少每月对燃烧室全面检查一次，目检燃烧室耐火材料，如果有耐火材料脱落，且能见到绝热材料和钢板，此时焚烧炉应立即停止使用，待维修后再使用。观察内墙上的残渣，如超过 20 mm，应使用钢丝刷子或铲子将其清除，禁止使用锤子敲击。

（2）注意柴油泵是否泄漏，每天检查压力，如果压力明显下降时，应检查过滤器，必要时拆解并清洗过滤器。

（3）检查风机皮带强度和紧度，皮带负重约 3 kg 时，约有 10 mm 变形。定期检查轴承的运行状况，必要时加注润滑油脂。

（4）光敏电阻每周应检查清理干净；燃烧器的管路、火焰板和喷嘴应每月清洗干净，可以使用煤油、乙醇、船用柴油以及刷子来清洗；电极可用浸湿煤油、船用柴油或乙醇的布来擦洗。

（5）根据需要及时清除炉内底灰和炉渣。

5.6　船用空调系统启动操作与运行管理

本节操作训练平台为 DMS-2015B 轮机模拟器二维系统相关操作界面（主要在 ID124 界面"Air Condition System"中完成操作）。

DMS-2015B 轮机模拟器空调系统包含夏季制冷和冬季制热系统。压缩机组装置正常启动前应保证系统正常供电（ID81 界面 9-3），并保证储液器冷剂液位在中位，压缩机滑油液位在中位。

在夏季制冷时（图 5-11），机组根据空调器室冷媒水出口温度变化率，控制着压缩机的工作状态。当温度增加时，变化率大于 2%，系统工作在 100%负荷，压缩机调节阀全开；变化率大于 1.5%且小于 2%，系统工作在 75%负荷，压缩机调节阀加载 66%；变化率小于 1.5%，系统工作在 50%负荷，压缩机调节阀加载 33%。当温度减少时，变化率大于 2%，系统工作在 50%负荷，压缩机调节阀加载 33%；变化率大于 1.5%且小于 2%，系统工作在 75%负荷，压缩机调节阀加载 66%；变化率小于 1.5%，系统工作在 100%负荷，压缩机调节阀全开。

在冬季制热时，蒸汽进入空调器室加热盘管，加热空气，蒸汽进入空调器室，增加空气湿度，以此增加送风湿度和温度。

压缩控制空气的作用是当空调滤网脏堵压差大时对滤网进行自动吹洗。

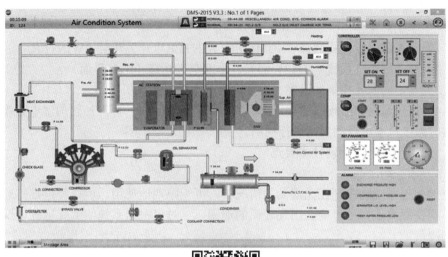

图 5-11 夏天工况下空调系统界面

【初始操作状态】

（1）主柴油发电机在网发电，发电机系统置于"AUTO"模式，柴油机燃油系统已换重油。

（2）海水冷却系统已经运行；低温淡水冷却系统针对空调系统冷却环节线路已正常运行。

（3）2台燃油锅炉运行于"蒸汽低压、自动燃烧、主辅协同"，燃用重油。

（4）压缩空气系统、控制空气系统工作正常。

【训练目标】

（1）掌握空调系统使用前的各项准备工作。

（2）掌握空调系统的操作步骤及管理要点。

（3）掌握空调装置日常管理工作。

【训练内容】

船用空调系统包含夏季制冷和冬季制热系统（ID124界面），具体操作如下：

1. 夏季制冷操作

（1）在控制面板模式选择"SUMMER/WINTER"开关转至"SUMMER"。

（2）准备好冷却水系统（ID31界面），压缩空气系统（ID54界面）。

（3）调节新风回风比，启动风机。

（4）打开冷凝剂阀（压缩机冷剂进口阀点击一次，阀开25%）。

（5）手动或者自动启动压缩机，检查压缩机滑油液位是否正常。

（6）压缩机运行5~10 s后，再次点击压缩机冷剂进口阀，阀会逐渐开到100%。

（7）系统运行时，集液器冷剂维持在10%~40%间。

注意："Delay/No Delay"是压缩机两次启动间隔延时触发按钮，显示"Delay"时，表示不延时，点击该按钮后激活延时，显示"No Delay"。

2. 冬季制热操作

（1）在控制面板模式选择"SUMMER/WINTER"开关转至"WINTER"。
（2）准备好蒸汽系统（ID42界面），压缩空气系统（ID54界面）。
（3）设定房间要控制的温度、湿度，启动空调器室风机。
（4）打开蒸汽加热阀前的截止阀、加湿阀前的截止阀，蒸汽加热加湿电磁阀会根据房间实时温度、湿度自动启闭进行控制。

3. 船用空调系统管理技术要点

（1）添加制冷剂。

空调装置系统制冷剂在无泄漏的情况下，可无限期地使用。但在经过维修或长期运行后，局部螺纹连接处可能会出现轻微的泄漏，这时可根据系统的实际运行情况添加适量的制冷剂。

制冷剂不足的情况可以从视液镜中看见"闪气"现象，出现气泡闪动，说明制冷剂已经不足，另外可以从低压、高压同时明显下降和压缩机电流降低等现象判断制冷剂不足。

（2）收集制冷剂。

当进入比较温和的季节，不需要空调制冷时，过多的制冷剂停留在压缩机和蒸发器是不利的，或者需要对压缩机、蒸发器维修时，需要把制冷剂收集到冷凝器中，停海水泵并关闭冷凝器的进水阀。

（3）制冷系统检漏。

制冷系统难免会出现制冷剂减少的情况，可能是制冷系统泄漏，这时就必须对整个系统进行检漏，找出泄漏点，并彻底解决。其中检漏的方法有：皂泡法、卤素灯检漏、专用电子检测仪等。

（4）更换干燥剂。

关闭制冷系统干燥器前后截止阀，拆卸干燥器前后的连接管，将干燥器移至工作台上，打开干燥器的端盖，用新的干燥剂（硅胶）替换失效干燥剂（硅胶），并将端盖装好，最后把干燥器装复在系统上。

（5）添加压缩机润滑油。

选用压缩机指定品牌的润滑油，必须是相同规格的润滑油。按说明书的步骤添加压缩机润滑油，有条件也可使用油泵加油，在开机前压缩机内不能有空气，如果有空气应将空气排除。

（6）释放不凝性气体。

关闭制冷系统贮液器出口阀，启动压缩机，回收制冷剂至贮液瓶，直至低压继电器动作，压缩机停止工作。

保持冷却海水泵正常运行，检查并开启冷凝器的海水进、出管上的阀门，使冷凝器中冷剂气体进行充分冷凝。

打开冷凝器上的空气阀，让气体流出，约2～3 s后关闭，停几分钟后，再重复同样的操作2～3次。

操作完成后制冷系统相关阀门复位。

5.7 船舶伙食制冷装置启动操作与运行管理

本节操作训练平台为 DMS-2015B 轮机模拟器二维系统相关操作界面（主要在 ID125 界面"Refrigeration"上完成操作）。

制冷系统界面如图 5-12 所示，系统主要由膨胀阀、蒸发器、压缩机、冷凝器等基本元件及其他辅助设备组成，四大基本元件的功用如下：

（1）膨胀阀主要作用是控制制冷剂的流量，并使流过的冷剂节流降压。

（2）蒸发器的主要作用是使流经其中的冷剂吸热汽化。

（3）压缩机主要作用是抽吸蒸发器的冷剂汽体并将其压送到冷凝器中。

（4）冷凝器主要作用是使送来的冷剂汽体降温并冷凝。

具体的工作原理是：高压液态冷剂经膨胀阀的节流降压后，送入蒸发器盘管，由于冷库的温度远远大于盘管中压力所对应的冷剂的饱和温度，盘管内的液态冷剂发生气化作用，吸收周围环境热量使库温下降，随着冷剂的不断汽化，库温也不断下降。为了使盘管中汽压能保持较低数值，并能回收冷剂供循环使用，盘管后端连接到压缩机的吸口，压缩机从盘管中吸入冷剂过热蒸汽并压送到冷凝器中，由于压缩机的压缩作用使得冷剂蒸汽的压力升高，其对应的饱和温度也越高，这样进入冷凝器高温高压的冷剂蒸汽便能利用常温的海水进行冷却，并冷却到具有一定的过冷度，将冷库热量及压缩机的耗功通过冷凝器的热交换，将热量传给海水。已经冷凝的高压液态冷剂再经膨胀阀进入蒸发器，循环使用。

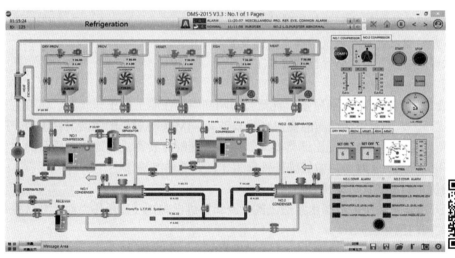

图 5-12 制冷系统界面

考虑到不同类别的食品具有不同的最佳冷藏温度和最佳空气相对湿度，而某些散发腥味的食品又必须与其他食品互相隔开，以防污染，所以对各种不同的食品分库储藏，一共分为鱼、肉、蔬菜、粮食和干货五个库，其中鱼库和肉库（库温-21～-18 ℃）为低温库，蔬菜库（库温 1～2 ℃）、粮食库（库温 3～6 ℃）和干货库（库温 3～6 ℃）为高温库，各库均装设空气冷却器，采用冷风冷却。

压缩机的启停是由各库的供液电磁阀控制的，即至少要有一个库的供液电磁阀开启，压缩机才能启动运行；而当全部供液电磁阀均关闭时，压缩机自动停机。

压缩机排出的气体进入冷凝器前先经过油分离器，将其中夹带的油滴分离出来，以免进入冷凝器和蒸发器中而影响传热。在油分离器出口管路上装有一个单向阀，它的作用是当压缩机一旦突然停车时，防止高压蒸汽倒流入压缩机中。冷凝器冷凝下来的制冷剂流入贮液器，它的作用是根据蒸发器热负荷的需要供给足够的制冷剂液体以及减少向系统内补充制冷剂的次数。用来制冷的制冷剂经过调节站分配给各个库房中的蒸发器，在调节站管路上一般都装有节流阀。气液分离器的作用是一方面将从蒸发器出来的低压蒸汽中夹带的液滴分离出去，以防止制冷剂进入压缩机中而形成湿压缩，另一方面又可使节流后产生的部分蒸汽不进入蒸发器，使蒸发器的面积可得到更为合理的利用。一个气液分离器可以与几个蒸发器相连，这样它还起着分配液体和汇集蒸汽的作用。

"Fast/Slow"是仿真速度调整按钮，显示"Fast"时，表示目前是慢速，点击该按钮后，则变为快速，显示"Slow"。

"Delay/No Delay"是压缩机两次启动间隔延时触发按钮，显示"Delay"时，表示不延时，点击该按钮后激活延时，显示"No Delay"。

【初始操作状态】

（1）主柴油发电机在网发电，发电机系统置于"AUTO"模式，柴油机燃油系统已换重油。

（2）海水冷却系统已运行，低温淡水冷却系统针对伙食制冷装置冷却环节线路已正常运行。

【训练目标】

（1）掌握船舶伙食制冷装置使用前的各项准备工作。

（2）掌握船舶伙食制冷装置的操作步骤及要领。

（3）掌握船舶伙食制冷装置日常管理工作。

【训练内容】

船舶伙食关系到船员的生活质量，甚至会影响到船员在船上的工作状态。随着生活水平的不断提高，人们对生活品质的要求也越来越高，IMO 对船员的生活条件出台一些具体规定，特别是对船员伙食提出严格要求。船舶伙食制冷装置是保证伙食质量的主要设备，分管和值班人员平时必须做好维护管理工作，并能熟练操作。

1. 船舶伙食制冷装置启动操作

（1）打开冷却水系统中冷却水泵进出阀、冷却器进出阀，（在操作界面上默认冷却水泵阀及相关阀门已开启）。

（2）供电准备，在 ID73 界面上合上 4-4 开关。

（3）检查压缩机滑油液位是否正常。

（4）打开制冷剂流经管路的相关阀门，启动各需要制冷冷库的风机。

（5）如果要自动控制压缩机组启停，需要将制冷压缩机的"自动/手动"控制转换旋钮旋转至"自动"位，管路中的电磁阀会根据冷库温度自行启闭，主压缩机会根据冷库温度和管路压力自动启停。

（6）如果要手动控制压缩机组启停，则将压缩机"自动/手动"控制转换旋钮旋转至"手动"位，然后进行手动启停。

注意：本系统有两组制冷压缩机组，如使用 NO.1 压缩机组时必须将 NO.2 压缩机组停用，其常用做法是将 NO.2 压缩机组的冷剂收回，关闭进出口阀，并将"自动/停止/手动"控制转换旋钮旋转至"停止"位。

2. 船舶伙食制冷装置的运行管理

（1）制冷系统投入工作后，当发出声光警报时，应先消声，切断压缩机电源，判断故障原因，并消除故障后才可以重新投入工作。

（2）启动压缩机时若出现"奔油"现象，应分几次短时间启动，直至"奔油"现象消失。

（3）制冷系统投入工作后应检查压缩机的吸、排压力，温度，滑油压力和电功率；注意冷却水的温度和压力；注意压缩机的运行情况是否平稳。各参数均应在正常的范围之内；系统运行时，集液器冷剂维持在 10%～40% 之间。

（4）蒸发器融霜时供液电磁阀关闭，当有结冰或冰没有完全融化时，融霜过程中会有水流，需要把生活污水处理系统的管路阀打开。

（5）制冷剂充入时，不宜向钢瓶浇热水，可把钢瓶出口阀向下倾斜放置；充液时，发现低压系统结霜融化，压缩机吸排压力降低时，说明钢瓶内冷剂已完，可换另一瓶，操作按上述方式进行。

（6）不要随意拉、踩裸露在外的管子或毛细管，以防泄漏或仪表失效。

（7）制冷装置日常管理操作中，用充剂阀补充冷剂、制冷系统检漏、更换干燥剂、补充冷冻机油、释放不凝性气体等项目操作详见本书 5.6 节。

5.8 船舶压载水系统操作与运行管理

本节操作训练平台为 DMS-2015B 轮机模拟器二维系统相关操作界面（主要在 ID142 界面"Ballast Pump Turbines"和 ID143 界面"Ballast Water System"中完成操作）。

船舶压载水系统主要由压载泵、压载水管路、压载舱以及相关阀件组成。压载水舱可设置在双层底舱、深舱、艏艉尖舱和边水舱等。双层底舱和深舱主要用以改变船舶的吃水，艏艉尖舱主要用以调整船舶纵倾，边水舱主要调整船舶的横倾。

船舶空载航行时，因重心太高，稳定性不好，需要通过向压载舱室调配压载水来降低船舶重心，提高稳定性。在船舶抵港装货前，为提高装载量，需要将各舱压载水排出舷外。注意在调配压载水的过程中，要左右前后对称调配，避免出现左倾、右倾或者前后吃水差过大，引起侧翻或其他故障。

压载水系统可以根据船舶的具体情况，将舷外水（压载水）泵入任何一个压载舱或排出任何一个压载舱内的压载水，也可以将各压载舱内的压载水进行前后左右的调驳，来达到调节船舶吃水和横倾、纵倾的平衡，保持适当的船舶稳性高度，减少船舶变形，以免过大的弯曲力矩和剪切力，降低船舶震动，改善空舱适航性能等目的。

【初始操作状态】

（1）船舶于码头或锚地停泊状态。

（2）主柴油发电机在网发电，发电机系统置于"AUTO"模式，柴油机燃油系统已换重油。

【训练目标】

（1）掌握船舶压载水系统的操作步骤及注意要点。

（2）掌握船舶压载水系统日常管理工作。

（3）熟悉船舶压载水管理的最新法规，了解压载水处理装置的使用。

【训练内容】

通常船舶压载水系统的日常操作是按甲板部的要求进行的。自动化程度高的船舶大多是由甲板部直接进行压载水系统的日常操作，这种船舶设有专门的船舶压载——平衡水控制室，其内安装各舱液位检测装置、泵的控制装置和各种控制阀的遥控设备。压载水系统中的各种设备均由轮机部负责日常维护管理，同时轮机员也必须能够熟练操作。本轮机模拟器是以一艘超大油轮为母船，压载泵是使用蒸汽透平机驱动，压载泵透平系统如图 5-13 所示，其操作要点如下。

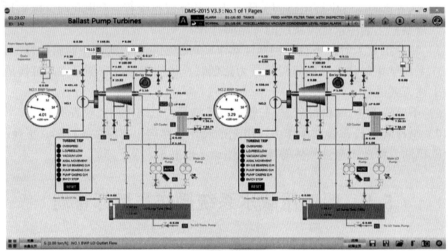

图 5-13　压载泵透平系统

1. 压载泵透平系统操作

（1）检查透平滑油油底壳液位是否正常，如果低位，将其补到正常液位。

（2）进入 440 V 分配电板，A 组合上预供油泵电源：

①1 号预供油泵供电：P2-3 开关。

②2 号预供油泵供电：P3-2 开关。

（3）准备好滑油系统，保持阀门开闭正常。

（4）手动开启预供滑油泵，然后将其打到自动模式。

（5）打开透平蒸汽轴封阀门。

（6）打开透平排汽阀门。

（7）确保真空冷凝器中真空度在正常范围。

（8）复位所有 TRIP 报警。

（9）慢慢手动打开进汽阀门，开启压载泵透平。

2. 压入压载水

（1）启动阀控系统（ID150 界面）液压伺服油装置（"HYDRAULIC UNIT"），提供开阀的液压动力伺服油。

（2）打开压载水泵前的海水阀。

（3）打开该压载水泵通往相应压载舱的阀门。

（4）然后启动压载水泵，进行压载。

（5）在压入压载水的过程中，注意观察船舶左右舷、前后吃水状况。

3. 排出压载水

（1）启动阀控系统（ID150 界面）液压伺服油装置，提供开阀的液压动力伺服油。

（2）打开相应舱室到压载水泵前的阀门。

（3）打开该压载水泵通往舷外的海水阀。

（4）然后打开电源供应，启动压载水泵。

（5）在排出压载水的过程中，注意观察船舶左右舷、前后吃水状况。

4. 船舶压载水系统运行管理技术要点

（1）进行压载水操作时，必须有大副的书面通知，严格按照要求执行。

（2）压载水泵通常是大排量低压头离心泵，启动前应注油、盘车，确认无卡阻后全开吸入阀、全关排出阀进行封闭启动，以防启动电流过大冲击电网，随后逐渐开大排出阀（本轮压载泵使用蒸汽透平机驱动，不存在此情况）。

（3）使用压载泵时，避免吸空而导致盘根或机械轴封损坏，注意压载水泵轴封处的泄漏情况和轴承的运行情况。

（4）为了保证压、排压载水能够顺利进行，相关主管人员要熟悉管系图，正确开关管系中的相应阀门，避免误操作；机舱值班人员要加强与甲板部沟通，同时也要关注压载水泵的运行情况。

（5）有的船舶设计为至少有 2 台主柴油发电机并联工作时压载泵才能启动运行（本轮压载泵使用蒸汽透平机驱动，不存在此情况）。

（6）有的船舶将一个或几个货舱兼作压载舱，排放此类舱内的压载水时，应避免货物或其他杂质混入压载水系统中，以免造成管系的堵塞及损伤泵的盘根或机械轴封。

（7）压载泵的排量较大，不能用压载泵将压载舱内的压载水直接排空，利用消防泵（通用泵）和扫舱泵清扫压载舱剩余的少量压载水时，要注意扫舱管线的吸入真空度，当真空度不能建立或遭到破坏时，往往表明吸入管线漏气或水已排空，应根据具体情况采取相应的措施。

（8）确保管系密封状况良好，对系统中各阀门应定期保养，确保其工作状况正常，避免漏泄现象的发生。

（9）对泵浦的盘根、轴承等部件应进行正确的维护与保养，避免漏泄及过热等异常现象的出现。

（10）对用燃油舱兼作压载水舱的船舶，压载水管系应装设盲板或其他隔离装置，含油压载水的排放应符合有关防污法规的要求。

（11）如果配备了压载水处理装置，对其应按照要求正确使用及维护保养。

压载水系统界面如图 5-14 所示。

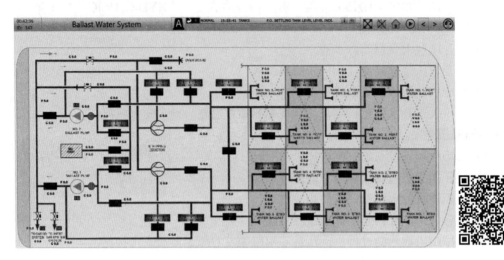

图 5-14　压载水系统界面

5.9　压缩空气系统及船用空压机操作与运行管理

本节操作训练平台为 DMS-2015B 轮机模拟器二维系统相关操作界面（主要在 ID53 界面"Compressed Air System"上完成操作）。

DMS-2015B 轮机模拟器压缩空气系统（图 5-15）是由 2 台主空压机、1 台辅助空压机（作为应急空压机）、1 台手摇应急空压机及各类空气瓶等组成，2 台主空压机和辅空压机可以手动或自动控制，并直接向 2 个主空气瓶和辅空气瓶（作为应急空气瓶）充气，主空气瓶的正常蓄气压力为 2.5～3.0 MPa，安全阀动作压力为 3.2 MPa，主要为船舶设备如主机、柴油发电机等提供启动空气、控制空气及机舱、甲板杂用空气。两个主空气瓶的进口和出口总管均为并联，平时保持其中一个空气瓶出口阀处于常开状态，出口总管分别供给主机和发电机的启动空气，同时经过减压阀向控制空气管路和速闭控制空气瓶充气，控制空气的正常压力为 0.7 MPa。

发电机启动所需的压缩空气除可由两个主空气瓶和辅空气瓶提供外，瘫船启动时还可由应急空压机向应急空气瓶充气来提供。主机和发电机的启动空气压力表接在各机器启动空气管路的总阀后，各空气总阀的开闭操作在模拟屏的空气系统管路上进行，相应的空气压力表在集控台、模拟屏等处均有设置。

空压机控制面板上设有空气高温、滑油低压、超负荷报警红色指示灯，当系统发生上述故障时，相应的主空压机空气开关会跳闸，再次启动前需在控制面板上断开电源进行复位操作。

第 5 章 辅助设备及系统操作与管理

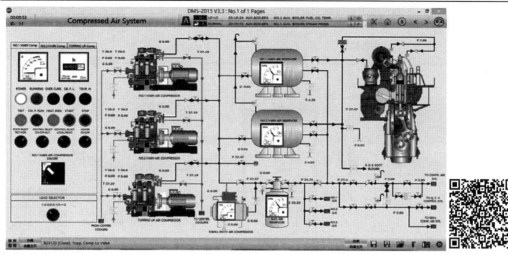

图 5-15 空压机系统界面

【初始操作状态】

（1）第一种状态：瘫船状态时应急发电机未启动供电，可通过手摇应急空压机向应急空气瓶手动泵气。

（2）第二种状态：瘫船启动时应急发电机启动提供应急电源后，可由辅空压机往辅空气瓶充气（也就是应急空压机向应急空气瓶充气）；低温淡水冷却系统相关阀门已打开。

（3）第三种状态：主发电机启动向主电网供电后，两台主空压机和辅空压机都能正常启动和运行，可以向主辅空气瓶打气；海水冷却系统和低温淡水冷却系统已经正常运行。

【训练目标】

（1）掌握船上各台空压机的启动步骤及要领。

（2）掌握压缩空气系统操作程序和管理方法。

【训练内容】

船舶不管处于何种状态下，都必须能够自身提供压缩空气，为启动发电机做准备，轮机部人员可根据实际情况，采用不同设备为各类空气瓶充气。

1. 手动应急空压机操作

在全船停电情况下，应急发电机又无法启动提供应急电源时，可通过手摇应急空压机"MANU. EM'CY AIR COMPRESSOR"（图 5-16）向应急空气瓶"AUX. AIR RESERVOIR"手动泵气：

（1）在压缩空气系统操作界面中找到"MANU. EM'CY AIR COMPRESSOR"，打开空压机出口阀。

（2）找到"AUX. AIR RESERVOIR"，打开空气瓶进口阀。

（3）点击应急空压机手摇手柄使其动作，观察应急空气瓶升压情况。

（4）空气瓶蓄气压力达到 3.0 MPa 时，再次点击手柄停止动作，充气完成。

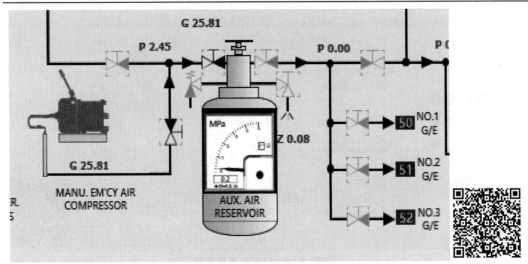

图 5-16 手摇应急空压机界面

2. 辅助空压机操作

当应急发电机启动并提供应急电源后,可由辅空压机"TOPPING UP COMP."往辅空气瓶打气:

(1)在压缩空气系统操作界面中左侧空压机控制箱点击"TOPPING UP COMP."合上电源。

(2)检查曲轴箱油位是否合适,不够时点击加油阀打开加油,注意及时关闭。

(3)打开空压机冷却水进出口阀,同时在 ID31 界面低温淡水冷却系统中打开 NO.1 中央冷却器进出口阀,把空压机冷却水系统打通。

(4)回到压缩空气系统打开空压机出口阀和辅空气瓶进口阀。

(5)手动启动辅空压机,空气瓶蓄气压力达到 3.0 MPa 时停止空压机。

(6)此时控制面板上选择空压机为"MANU""LOCAL"控制方式。

3. 主空压机操作

当主发电机启动并向主电网供电后,两台主空压机和辅空压机都能用主电源启动和运行,同时都可以为主辅空气瓶充气。

(1)在压缩空气系统操作界面左侧空压机控制箱中分别点击 NO.1/NO.2 主空压机 "NO.1/NO.2 MAIN Comp."合上电源。

(2)检查曲轴箱油位是否合适,不够时点击加油阀打开加油,注意及时关闭。

(3)打开空压机冷却水进出口阀。

(4)打开空压机出口阀及主空气瓶进口阀。

(5)手动启动空压机,空气瓶蓄气压力达到 3.0 MPa 时停止空压机。

(6)正常后,可以把主辅空压机控制方式都转为"AUTO"和"REMOTE"。

(7)根据需要,通过控制箱上的优先选择三位旋钮"1-2-3/2-3-1/3-1-2"来选择优先启动三部空压机的顺序。

4. 压缩空气系统供气

（1）打开辅空气瓶出口阀，为三部主发电机供气。

（2）打开 NO.1 主空气瓶主出口阀，为空气系统和三部发电机启动系统供气。

（3）需要时打开 NO.1 主空气瓶出口阀，为主机启动空气系统供气。

（4）打开空气系统通往 ID54 界面控制空气系统"TO CONTR. AIR. SYS."的减压阀，并通过滤器和干燥器向控制空气系统供气。

（5）打开空气系统通往 ID54 界面日用空气系统"TO SERV COMR. AIR. SYS."和 ID55 界面速闭阀控制系统"TO Q.C.V. CONTROL SYS."的减压阀，为日用空气系统和速闭阀控制系统供气。

（6）在 ID54 界面控制空气分配系统"Air Distribution System"中点击"Open"，一键打开所有阀门为机舱所有需要控制空气的设备供气（图 5-17）。

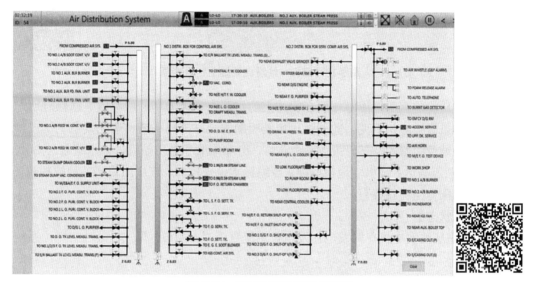

图 5-17 控制空气分配系统界面

5. 压缩空气系统及船用空压机运行管理技术要点

（1）长时间停用或检修后第一次启动前应检查压缩机转动是否灵活。

（2）注意各个部件温度：轴承部分、气缸部分、气缸头和排气温度。如果气阀有泄漏时，气缸头温度和排气温度将升高。

（3）检查系统管路是否泄漏。

（4）注意有无从任何部位发出不正常的响声。

（5）及时排放汽水分离器和空气瓶中的残水。

5.10 锚机与绞缆机操作与管理

本节操作训练平台为 DMS-2015B 轮机模拟器二维系统相关操作界面（主要在 ID111 界面"Windlass & Mooning System"上完成操作）。

锚机与绞缆机系统包括 1 个主显示界面（图 5-18）和 3 个操作界面（1 号液压油泵控制面板、2 号液压油泵控制面板、3 号液压油泵控制面板）。

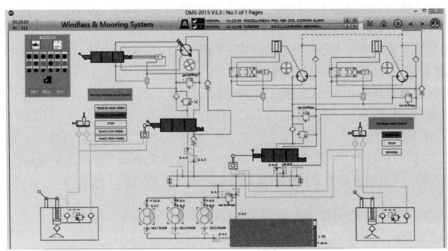

图 5-18　锚机与绞缆机系统主显示界面

锚机的功能是克服停泊时作用在船体上的水流力、风力和船舶纵倾、横倾时所产生的惯性力，以保持船位不变，此外还可帮助船舶安全靠离码头或使船舶紧急制动。绞缆机主要功能是帮助船舶停靠码头、系带浮筒、旁靠他船和进出船坞。该系统包含 3 台液压泵、3 台液压马达、锚机本地操控屏、绞缆机本地操控屏、液压油箱和各种控制阀（方向控制阀、压力控制阀等）。

【初始操作状态】

（1）主柴油发电机在网发电，发电机系统置于"AUTO"模式，柴油机燃油系统已换重油。

（2）海水冷却系统、低温淡水冷却系统已正常运行。

【训练目标】

（1）掌握船舶锚机与绞缆机使用前的各项准备工作。

（2）掌握船舶锚机与绞缆机的操作步骤及管理要点。

（3）掌握船舶锚机与绞缆机日常管理工作。

【训练内容】

船舶到港时经常需要在锚地抛锚等待进港，靠离码头时也需要动用锚机与绞缆机，因此相关分管人员平时必须做好维护管理工作。

1. 锚机与绞缆机操作

（1）电源准备：1 号和 3 号液压油泵，左 2 号主电板 440 V 负载屏 ID73 界面 4-9 和 4-10；2 号液压油泵，右 1 号主电板 440 V 负载屏 ID81 界面 9-9。

（2）检查液压油箱中的油位是否正常，打开相关的阀件。

（3）在液压泵操作面板上把电源旋钮开关转到"ON"位置，开启电源（图 5-19）。

（4）在液压泵操作面板上先把旁通旋钮"BY PASS"开关转到"ON"位置，满足启动条件，然后按下"START"按钮，相应的液压泵启动，也可以直接在界面上点击相应的液压泵。

（5）根据需要，在本地操作面板进行松、绞缆绳或送锚、绞锚作业。

（6）作业完毕后，将锚机、绞缆机转换到"STOP"位置，关闭电源。

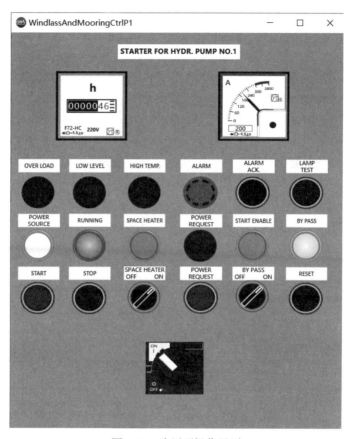

图 5-19　液压泵操作界面

2. 锚机与绞缆机管理技术要点

（1）启动前检查液压油箱油位。

（2）检查系统各阀门是否处于正常位置。

（3）检查冷却器冷却水进、出口阀是否处于开启位置。

（4）先启动油泵，让油泵空转 15 min（在冬季等低温环境时，空转时间应更长），同时注意检查泵的运转情况。

（5）冬季时可根据油温适当延迟冷却水阀开启时间。

（6）操作锚机的操作杆，做正、倒车试验 1～2 圈后才可让泵带载工作。

（7）冬季将空间加热器装置打开，冷却器放残防冻。

（8）日常马达的防潮加热线圈开关置于"ON"位。

（9）紧急情况可按下艏楼甲板应急控制箱中"STOP"按钮。

5.11 液压舵机操作与管理

本节操作训练平台为 DMS-2015B 轮机模拟器二维系统相关操作界面（主要在 ID110 界面"Steering System"中完成操作）。

舵机系统包括舵机系统主显示界面（图 5-20）、舵机机旁控制面板（图 5-21）和舵机遥控面板（图 5-22）。

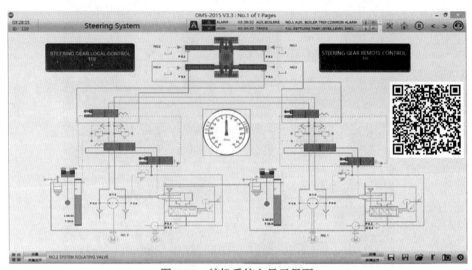

图 5-20　舵机系统主显示界面

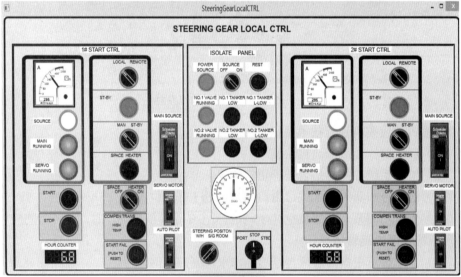

图 5-21　舵机机旁控制面板

第 5 章　辅助设备及系统操作与管理

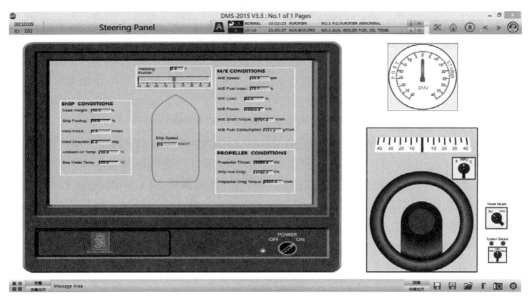

图 5-22　舵机遥控面板

舵机系统的功能是实现对船舶的转舵功能、模拟舵机的遥控、机旁控制及报警显示。该系统包含撞缸式转舵机构，双向变量式液压油泵及其伺服机构，电磁阀及液压阀件，液压油柜等。

【初始操作状态】

（1）主柴油发电机在网发电，发电机系统置于"AUTO"模式，柴油机燃油系统已换重油。

（2）海水冷却系统、低温淡水冷却系统已正常运行。

【训练目标】

（1）掌握船舶液压舵机使用前的各项准备工作。

（2）掌握船舶液压舵机的操作步骤及管理要点。

（3）掌握船舶液压舵机日常管理工作。

【训练内容】

液压舵机是船舶的重要设备，通常同时装备有驾驶台遥控的随动操舵系统和自动操舵系统，舵机室还设有机旁紧急操舵系统（一般是非随动操舵），因此相关分管人员日常必须做好维护管理工作且能够正确熟练操作。

1. 舵机系统操作

（1）主电源准备：合上 1 号舵机启动箱电源（应急 440 V 负载屏 ID64 界面 2-2）；合上 2 号舵机电源（440 V 负载屏 ID72 界面 3-14）。1 号和 2 号舵机电源供电后，到机旁控制面板再合上电源开关，白色电源指示灯点亮，接着合上伺服马达电源开关、自动舵电源开关。报警电源准备：在 ID60 界面 DC24V 充放电板合上负载开关"To BCC DC 24V DIST. PANEL"；驾驶台遥控面板上电源指示灯点亮，失电报警指示灯闪烁并伴有声光报警，按下"BUZZER STOP"按钮声光报警消失。

（2）机旁控制箱"LOCAL/REMOTE"选择在"LOCAL"时，机旁控制箱按下相应的绿色"启动"按钮可启动油泵，按下相应红色的"停泵"按钮可停止油泵；机旁控制箱"LOCAL/REMOTE"选择在"REMOTE"时，驾驶台控制箱按下相应的绿色"启动"按钮可启动油泵，按下相应红色的"停泵"按钮可停止油泵。

（3）在 ID101 界面驾驶台遥控面板"BRIDGE CONTROL CONSOL PANEL"上按下试灯测试"LAMPBZ TEST"按钮可监测各报警指示灯和蜂鸣器是否正常，按下消音停闪"BUZZER STOP"按钮可确认报警消音停闪。（需确保 24 V 电源供应）。

（4）驾驶台随动操舵：机旁操舵选择开关"STEERING POSITON"选在"WH"，机旁控制箱"LOCAL/REMOTE"选择在"REMOTE"后，在 ID101 界面遥控面板启动 1 台油泵或 2 台油泵，在 ID102 界面选择舵机系统"NO.1/NO.2"，模式选择开关"FU/NFU"选择"FU"，通过转动舵轮设定舵角，转舵机构将跟随转到相应的舵角，可通过主界面和遥控面板的舵角指示器观察舵角变化。

（5）驾驶台手动操舵：机旁操舵选择开关"STEERING POSITON"选在"WH"，机旁控制箱"LOCAL/REMOTE"选择在"REMOTE"后，在 ID101 界面遥控面板启动 1 台油泵或 2 台油泵，在 ID102 界面选择舵机系统"NO.1/NO.2"，模式选择开关"FU/NFU"选择"NFU"，通过操作手动舵手柄至"PORT"或"STBD"，转舵机构动作执行左舵或右舵指令，可通过主界面和遥控面板的舵角指示器观察舵角变化。

（6）舵机间机旁应急操舵：机旁操舵选择开关"STEERING POSITON"选在"S/G ROOM"，机旁控制箱"LOCAL/REMOTE"选择在"LOCAL"后，在机旁舵机启动箱上启动 1 台油泵或 2 台油泵，通过操作应急舵手柄至"PORT"或"STBD"，转舵机构动作执行左舵或右舵指令，可通过主界面舵角指示器观察舵角变化。

2. 液压舵机系统管理技术要点

（1）注意检查液压系统中的漏泄情况。
（2）注意倾听油泵、油缸、油马达运转是否平稳，有无异常响声。
（3）观察各压力表是否在规定的范围内，压力是否稳定。
（4）注意油温，液压系统一般在 30~50 ℃范围内，最高不超过 60 ℃。起货机、锚机等在露天作业，环境温度较高，规定最高温度不超过 85 ℃。
（5）注意油箱油位，防止油泵吸空，并定期清洗滤器。
（6）注意电气控制箱或连锁的换向阀工作是否灵敏可靠。
（7）注意热交换器的工作性能。

思 考 题

1. 辅锅炉燃油系统油压和油温如何控制？导致油泵停止的原因通常有哪些？如何分析和检查？

2. 辅锅炉给水系统有何调节装置？导致辅锅炉满水的原因通常有哪些？如何分析和

检查？

3. 机舱舱底水系统的管理工作有哪些内容？

4. 在污水吸入、净水排放及污油排放等工作过程中，相关的气动三通阀及电磁阀如何动作，通流方向如何转换？

5. 对于 ATLAS 200 SL WSP 焚烧炉，第一级和第二级燃烧腔的温度如何控制？

6. 如何排放空调制冷机组内空气？

7. 结合所学知识，请分析制冷装置持续工作，但库温始终无法下降的原因。

8. 试分析空气压缩机排气量不足的原因。你认为应如何排除？

9. 结合阀控型液压舵机控制原理图，试分析使用自动舵航行时，舵机的舵角突然出现满偏，紧急采用手动操舵，但无法解决上述故障的可能原因。

第 6 章 应 急 操 作

6.1 主机的机旁操作

本节操作训练平台为 DMS-2015B 轮机模拟器二维系统相关操作界面（主要在 ID04 界面"M/E Lock Control"和 ID05 界面"M/E Manoeuvring System"中完成操作）。

主机通常设置三个控制位置：驾驶室、集控室、机旁，这三个位置可以互相转换。机旁和集控室对主机的操作转换是通过机旁的一个转换阀来实现的，即将控制空气接通机旁的管路或集控室控制的管路，同时还要操作转换手轮，使调速器与主机的油门轴脱开（机旁）或啮合（集控室）。

机旁操作也称为应急操作，当控制系统出现某些故障时，可将操作位置转到机旁操作。按操作的优先权来讲，机旁优先于集控室，集控室优先于驾驶台，即必须首先满足机旁操作的条件下才可转到集控室操作，必须在集控室操作正常的情况下才可转换到驾驶台操作。在紧急情况下可以先转到集控室或机旁操作，转换后再通知驾驶台。

主机机旁操作台仿真界面如图 6-1 所示，图左侧为主机换向、启动和油门操作手柄仿真界面；图右侧为车钟和主机主要报警显示仿真界面；这两个界面组成完整的主机机旁操作台仿真界面。图中间插入五个仿真界面为：1 号辅助鼓风机控制箱、2 号辅助鼓风机控制箱、盘车机控制箱、盘车机遥控操作器、示功阀开关操作按钮（一键打开主机各缸示功阀）。

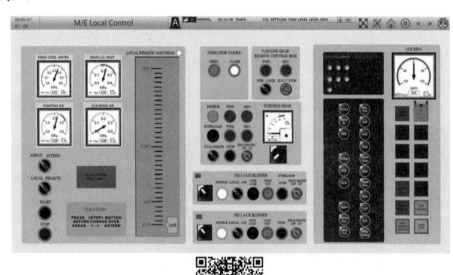

图 6-1 主机机旁操作台仿真界面

主机操作系统中机旁操作台、主启动阀控制仿真界面如图 6-2 所示。

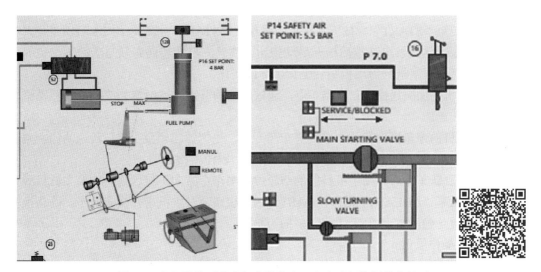

图 6-2　主机操作系统中机旁操作台、主启动阀控制仿真界面

【初始操作状态】

（1）主机处于备车状态，与主机相关的系统已经启动正常运行。

（2）NO.1 主柴油发电机在网发电，发电机系统置于"AUTO"模式，柴油机燃油系统运行于主油路系统，油品已换重油。

（3）海水冷却系统、低温淡水冷却系统已正常运行。

（4）2 台燃油锅炉运行于"蒸汽低压、自动燃烧、主辅协同"，燃用重油。

【训练目标】

（1）掌握主机机旁操作的准备步骤及操作要领。

（2）掌握驾驶台与机舱联系制度，完成主机机旁操作程序和管理方法。

【训练内容】

当主机控制系统出现某些故障且驾驶室、集控室的控制都失效时，可将操作位置转到机旁操作。此时应按"主机机旁应急操作部署"相关预案进行操作。

1. 主机控制位置转换到机旁

（1）完成驾驶台与机舱的通信。

（2）在辅助鼓风机控制箱上现场手动启动辅助鼓风机。

（3）将主机控制位置转换至集控室"C/R"控制，停止主机。

（4）在 ID04 界面主机机旁操作台"M/E Lock Control"上，把主机控制位置转换开关"REMOTE/LOCAL"转换至机旁"LOCAL"控制位置，指示灯亮。

（5）脱开止动臂，逆时针方向转动手轮，锥体脱离，把与主机油门调节杆相连的扇形块与主机调速器执行机构脱开，转而与主机机旁架纵台上油门手轮输出扇形块相连（在 ID05 界面主机机旁操作台旁"M/E Manoeuvring System"点击"MANUL"完成）。

2. 主机机旁启动、加速、减速、停车、换向

（1）根据驾驶台指令，按下辅车钟面板上应答按钮，如需换向主机，转换主机机旁操作台相应的正车"AHEAD"或倒车"ASTERN"旋钮。

（2）松开机旁操作台燃油油门调节手轮锁紧手柄（lock），转动油门调节手轮锁柄，将主机油门转至"START"，按下主机机旁操作台"START"按钮，约 1 s 启动主机，观察主机转速表，达到发火转速后松开启动按钮，注意主机的转向必须与车钟所给定的转向相符，同时也观察机旁启动控制台上指示灯的变化。

（3）主机的加减速操作：根据车令，通过燃油调节手轮逐渐增加或减少油门调整至车令要求的转速。

（4）主机的停车换向操作：接到停车车令时，先把油门调至"零"转速油门，实现自然停车，主机停车后，油门调至启动油门附近，以便下次启动。

（5）接到新车令后，如主机目前的凸轮位置与车令方向不符，则需转换主机机旁操作台相应的正车"AHEAD"或倒车"ASTERN"旋钮，对主机进行换向操作。确认换向后凸轮的位置正确再按下"START"按钮启动主机 。

3. 机旁操作原则

（1）根据驾控台的应急车钟命令，先进行应急车钟应答，再进行操作。

（2）冷车或停车时间超过半小时，应先进行慢转启动操作。

（3）启动原则：先停车，后换向，用大手轮给出启动油门位置，再启动。

（4）换向原则：先减速，待停车后再换向。

（5）转速控制：启动成功后，根据驾驶台命令，转动油门控制大手轮至车令要求的转速。

（6）停车方法：通常情况下，通过调油大手轮将油门减至"零"转速油门（"STOP"刻度）位置实现自然停车。必要时可直接按下机旁操作台上的"STOP"按钮，切断油路实现快速停车，然后同时转动大手轮将油门拉至"零"油门（"STOP"刻度）位置。

6.2　主机的应急操作

本节操作训练平台为 DMS-2015B 轮机模拟器二维系统相关操作界面（主要在 ID100 界面"M/E BR Remote Control"上完成操作）。

主机的应急操作包括越控、取消限制、应急停车等。

DMS-2015B 轮机模拟器主机型号为 MAN B&W 7S80MC 型二冲程低速可逆转柴油机。主机额定功率为 25 480 kW，额定转速为 79 r/min。主机遥控系统采用 Nabtesco 公司的 M-800-Ⅲ型主机遥控系统。

M-800-Ⅲ型主机遥控系统是 M-800 系列产品，是一种集控制、报警和安全保护于一体的综合推进控制系统，同时也是一种高度自动化、高度集成、操作便捷、人机交互友好的新一代主机遥控系统。

M-800-Ⅲ主机遥控系统提供了集控台人机交互的控制面板，在主机运行过程中出现不正常情况时（如主机滑油压力低、主机缸套水温度高、主机排气温度高等），自动控制主机减速或停机。在紧急情况下（舍机保船），对自动紧急停车，自动应急慢速的各故障点（除了超速）均可进行越控操作，驾驶台主机操作板上有明显的越控操作按键指示，主机驾驶台遥控仿真界面如图 6-3 所示。

图 6-3　主机驾驶台遥控仿真界面

M-800-Ⅲ主机遥控系统在全任务实物集控室集控台人机交互的控制面板上也设有越控操作按键,全任务实物集控室集控台主机控制面板如图 6-4 所示。

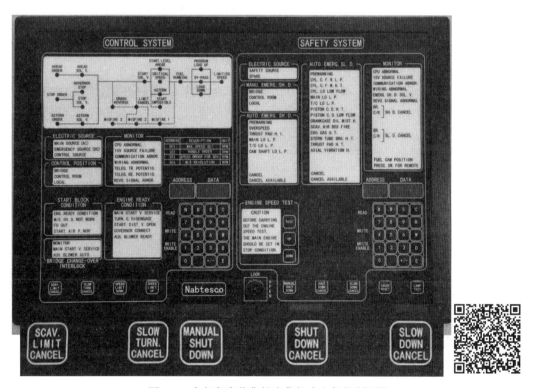

图 6-4　全任务实物集控室集控台主机控制面板

【初始操作状态】

（1）主机处于备车或机动航行状态。

（2）NO.1 主柴油发电机在网发电，发电机系统置于"AUTO"模式，柴油机燃油系统运行于主油路系统，油品已换重油。

（3）海水冷却系统、低温淡水冷却系统已正常运行。

（4）2 台燃油锅炉运行于"蒸汽低压、自动燃烧、主辅协同"，燃用重油。

【训练目标】

（1）掌握主机应急操作的准备步骤及操作要领。

（2）掌握驾驶台与机舱联系制度，完成主机应急操作程序和管理方法。

【训练内容】

在主机遥控系统中，安全保护系统（包括故障降速和故障停车）设定转速限制环节（例如加、减速限制，负荷程序，临界转速避让，轮机长最大转速限制等）和负荷限制环节（例如转矩限制，扫气、供气压力限制，轮机长最大油门限制等），这些系统或环节的作用是保证柴油机安全运转，避免发生故障。取消限制就是在某些特殊情况下，将这些限制临时取消，以确保航行安全的操作。

1. 主机越控操作（强迫运行）

（1）取消故障自动停车。

由教练员设定热工故障导致主机故障自动停车，"EMERG. TRIP PREWARNING"指示灯闪光，蜂鸣器鸣响，学员在确认故障可以越控后，按下"EMERG. TRIP OVERRIDE"按钮，观察主机暂不执行故障停车的过程，待故障排除后，将车钟手柄扳回"STOP"位置进行复位。

（2）取消故障自动减速。

由教练员设定热工故障导致主机故障自动减速，"EMERG. SLOWDOWN PREWARNING"指示灯闪光，蜂鸣器鸣响，学员确认故障后，按下"EMERG. SLOWDOWN OVERRIDE"按钮，观察主机暂不执行故障减速的过程，待故障排除后应进行复位操作。

2. 主机取消限制操作

（1）取消慢转。

将车钟手柄从"STOP"推向正车"DEAD SLOW"位置，同时按下主机遥控操作面板上的取消慢转"SLOW TURN CANCEL"按钮；观察在启动加速过程中没有慢转的发生，然后再按下"SLOW TURN CANCEL"按钮以进行复位。

（2）取消程序负荷。

将车钟手柄从正车"FULL"推向正车"NAV. FULL"位置，同时按下"PROGRAM BY-PASS"按钮。观察主机从港内全速到海上全速的过程中没有程序负荷加速的发生，然后予以复位。

（3）取消扫气压力限制。

按下"SCAV. LIMIT CANCEL"按钮，观察主机转速不再受扫气、供气压力设定转速的限制，然后予以复位。

3. 主机紧急停车操作

主机紧急停车按钮分别设置在三个位置：主机机旁操作台、集控室主控台、驾驶室主机操作台。

当紧急安全事态发生时,在任何一个主机操作台位置都可按下"EMERGENCY STOP"按钮以紧急停止主机。

紧急事态处理后要进行复位操作,即将主机操车手柄置于"STOP"位置,并再次按下"EMERGENCY STOP"按钮。

4. 主机的应急操作原则

在紧急情况下(舍机保船),对自动紧急停车,自动应急慢速的各故障点(除了超速)均可进行越控操作,操作板上有明显的越控操作指示。

根据驾控台的应急车钟命令,先进行应急车钟应答,再进行操作。

故障恢复后的操作。"SHUT DOWN",主机的操作手柄需要回到停车位置之后,方可再进行正常的操作;"SLOW DOWN",主机的操作手柄需操作到"SLOW DOWN"所设定的转速以下的手柄位置,取消越控点的越控操作,方可再进行正常操作。

换向原则:先减速,待停车后再换向启动。

6.3 主机紧急运行

本节操作训练平台为DMS-2015B轮机模拟器二维系统相关操作界面(主要在ID300界面"System Setting"中完成操作)。

DMS-2015B轮机模拟器主机型号为MAN B&W 7S80MC型二冲程低速可逆转柴油机,主机额定功率为25 480 kW,额定转速为79 r/min。

主机紧急运行包括单缸停油,单缸抽出活塞,停止增压器运转,超速、超负荷运转等。主机紧急运行情况下的操作可以通过模拟器二维仿真操作界面首页右下角,点击系统设置(图6-5),在系统设置菜单中选择相对应的故障,设置为"ON",然后观察主机在此紧急情况下运行的工况变化。

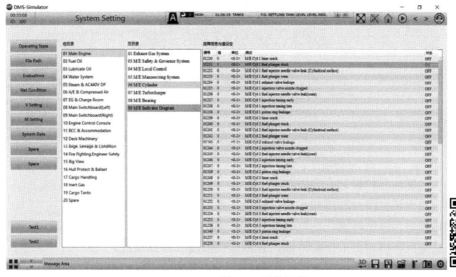

图6-5 系统设置

【初始操作状态】

(1) 主机油、水系统、启动空气和控制空气系统已完成准备操作。

(2) 主机处于备车或机动航行状态。

(3) 主柴油发电机在网发电，发电机系统置于"AUTO"模式。

(4) 辅锅炉处于正常运行状态。

【训练目标】

(1) 掌握主机紧急运行——单缸停油、拆除活塞，停增压器运行操作要领。

(2) 掌握主机超速、超负荷运行管理要领。

【训练内容】

船舶在航行中，因主机自身或外部原因导致不能在正常状况运行，但又需要保持船舶继续航行，这时主机就会处于紧急运行状态，对于不同的紧急情况需要采取不同的应对措施和注意事项。

1. 单缸停油运行

有一个气缸因故障不能正常工作，一时无法排除和修复，此时可根据不同情况停止有故障气缸的工作，称为单缸停油运行。

如果某气缸发生高压油泵、喷油器、高压油管损坏、气阀咬死、气缸漏气、拉缸或者敲缸等故障，这些故障致使气缸不发火但其运动部件尚可运转，这时为使船舶继续航行，可以采取单缸停油运行，并注意主机工况变化（图 6-6）。

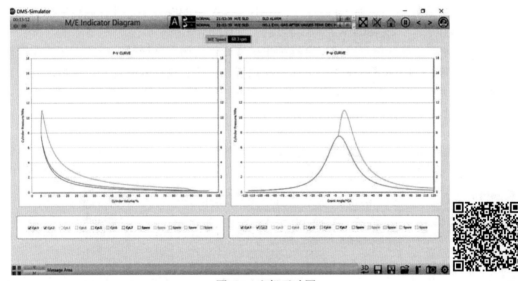

图 6-6 主机示功图

(1) 将主机燃油凸轮提起安全固定。

(2) 适当减少该缸滑油和冷却水的供给量，并打开示功阀减少缸内积油。

(3) 运转时适当降低转速，主机最高负荷应限制在 75% 左右，避免超负荷。

(4) 注意主机和增压器的振动情况，各缸排气温度和排烟情况。

(5) 不得采用关闭高压油泵进油阀的办法，以免喷油泵偶件干磨咬死。

2. 单缸抽出活塞运行

（1）如果某气缸活塞、缸盖、缸套等有裂纹或故障，但连杆和十字头尚工作正常，此时除将该缸燃油凸轮提起安全固定以停油外，还必须拆除包括活塞杆和填料函在内的活塞组件，将各个拆除的油口封住，并用隔离板将主机扫气箱和曲柄箱严密隔离。关闭活塞冷却系统和该缸气缸冷却水的进出口阀，但不能仅关闭喷油泵的进出口阀，以免喷油泵偶件干磨咬死。

（2）如果某气缸连杆、十字头及轴承严重破坏，或者十字头导板损坏时，此时除采取上述停油和拆除活塞的措施外，还应用专用工具将曲柄销上油孔封住，封闭该缸十字头滑油系统。

3. 主机在封缸运行时管理技术要点

（1）主机由于故障采取封缸处理措施后，在启动主机前必须检查各轴承的润滑油情况以及各封闭盖板、法兰的紧固情况。

（2）采取封缸措施后，故障气缸的启动空气已被切断，启动主机时如被封气缸正处于启动位置，柴油机是无法启动的，此时可将主机向相反的转向启动一下，使曲轴改变位置后再启动。如果采取这样的措施还不能启动，那就应该用盘车机将柴油机转至最佳启动位置后再启动。转车前切记要切断启动空气，并打开示功阀。这种情况应向船长说明，在主机机动操作时尽量减少主机的启动次数，确保航行安全。

（3）条件许可下，主机运行 10 min 和 1 h 后要分别停机打开曲轴箱检查内部情况。

（4）因主机轴系运动惯量和分布的改变，主机的临界转速区也相应改变，主机处于机动操作时要避免轴系扭振的发生。通过几次反复操作，找出新的临界转速区，并在各个主机操作台张贴告示。

（5）封缸运行是一种临时的应急措施，由于柴油机失去了原有的平衡，停缸导致热负荷和机械负荷的增加，振动加剧，因此必须减速降负荷运转，此外还应对故障缸适当减少冷却水及气缸润滑油的供给。封缸时还应综合考虑排气温度、喘振、振动等各种因素，选择适合的转速维持航行。

（6）采取封缸措施后，为了避免一个或几个气缸由于封缸不发火导致气缸排烟温度偏差超过设定值而导致自动"SLOW DOWN"而不能加速时，应取消排气温差降速功能。

（7）不论在何种封缸措施中运行，柴油机都处于故障状况下运转。轮机长应加强对值班轮机员的指导，当值轮机人员应增加机舱巡检的次数，尤其应加强主机及其动力系统的管理。当柴油机主要工作指标和相关参数有异常情况时，必须立即找出原因并采取相应对策，如果问题得不到解决，必须立即向轮机长报告。确保主机安全可靠地运行，是轮机管理人员的首要职责。

4. 停止增压器运转

由于涡轮增压器的严重故障（如增压器转速下降、增压器震动、噪声大、轴承损坏、叶片大量断裂、增压器不能运行），一时又无法修复，此时柴油机转入停增压器紧急运转。

（1）在不允许柴油机停车的情况下，涡轮增压器损坏后，为了实行应急运行以免危及船舶安全，那么柴油机只能在短时间内带着有故障的涡轮增压器运行，而且必须大大降低转速到无明显振动，同时控制排烟温度不要增高太多，使柴油机的全部气缸继续运行。

（2）如果损坏的涡轮增压器不能迅速修好，没有备件可以更换，或者没有足够的时间来修理，那么只能在可以利用的短时间内，采取把损坏的增压器转子用专用工具锁住后，重新启动柴油机运行。

（3）如果需要长时间停增压器运行，应将转子抽出，用专用隔离板隔离透平端与压气机端，并用盖板封住增压器壳体两端。

5. 主机停止增压器运行管理技术要点

（1）增压系统采用定压增压系统，当增压器损坏时必须启动应急电动辅助风机。依据柴油机排气温度、颜色及运转等情况适当降低负荷避免超负荷。

（2）注意主机的振动情况，关注柴油机运行参数，限制在规定范围内。

（3）如果是转子抽出的情况，把增压器滑油放光并隔断滑油通道，应保持其冷却水的供应。

（4）对于带轴带发电机的四冲程柴油机，停止增压器运行时柴油机需降速运转。此时轴带发电机不能运行，只能用柴油发电机并网供电保证船舶安全航行。

（5）如果停增压器运转时间过长，可采取增大压缩比化、改变气阀定时、喷油定时及气阀间隙等措施来降低排气温度。

（6）增压器转子锁住后因两端温差较大，会使转轴弯曲变形，如有条件应把转子拆出，将壳体两端封住维持柴油机运转。

（7）为减少进排气阻力，如有条件应制作临时的旁通进排气管，提高换气效果。

（8）当值轮机员必须加强对动力装置的监管，当发生异常情况时应立即向驾驶台和轮机长报告。

6. 主机超速运转

正常情况下，主机不允许超速运行，但如果调速器故障或螺旋桨脱落并且超速保护装置失效时，才会导致主机超速。

（1）在教练员台上设置大风浪海况下航行，由于船舶的颠簸，导致飞车情况的发生，此时应适当降低主机的设定转速，并将调速器的控制模式设置为"恶劣海况"模式。

（2）如果在"恶劣海况"模式下超速还继续发生，此时应将对主机的操作位置转至机旁控制，避免机损事故的发生。

（3）超速保护装置的效能测试。

①柴油机运转情况下超速保护装置的效能测试，建议采用降低超速保护转速设置值来测试超速保护装置的效能。

②柴油机停车情况下超速保护装置的效能测试，严格按照测试操作规程进行测试。

注意：测试完毕后，应复位。

7. 主机超负荷运转

船舶在恶劣天气和海况下航行，主机经常会处于超负荷状况下运行。我国船用柴油机标准规定，船用柴油机的超负荷功率为标定功率的110%（与之对应的转速为标定转速的103%），并且在12 h运转期内允许超负荷运转1 h。

（1）在教练员台上设置船舶在恶劣天气和海况下航行，并将调速器的控制模式设置为"恶劣海况"，比较设置前、后主机运行参数的变化。

（2）视情况增大油门限制设定值，密切观察主机排气温度，避免气阀烧损。

（3）密切关注柴油机的振动情况，避免因超负荷引起振动加剧。

（4）尽量避免主机超负荷运转时间超过规定时间。

（5）注意观察增压器的转速，必要时可视情况打开废气旁通阀（如有）。

（6）注意废气锅炉的压力变化，必要时可视情况开启蒸汽旁通阀。

（7）视情况将可能引起故障降速的项目取消或将自动降速越限值调高，但要密切关注相关参数变化。

6.4 全船失电的应急措施

本节操作训练平台为 DMS-2015B 轮机模拟器二维系统相关操作界面（主要在 ID76 界面"Synchro & Bus Tie CB Panel"，ID74、ID75、ID80 界面"Diesel Generator Panel"，ID60～ID65 界面"Emergency Switchboard"中完成操作）。

船舶正常情况下是通过独立的发电机实现自我供电，如果发生供电系统故障，可能会造成全船失电，在航行中船舶就会失去动力，并给生命和财产带来巨大威胁。当发生全船失电后应正确地处理，以减少可能由此引发的严重恶性事故，特别是船舶处在进出港、狭窄水道、特大风浪时风险更大。在应对全船失电的措施上，对于普通电站的处理和具有电站管理系统的自动电站的处理，两者有较大不同。还有失电后备用发电机是否自动启动切换供电，或者只是应急发动机启动提供应急电源，这时具体的处理步骤也有所不同。

【初始操作状态】

（1）船舶于停泊状态或航行中。

（2）NO.1 主柴油发电机在网发电，发电机系统置于"AUTO"模式，柴油机燃油系统运行于主油路系统，油品已换重油。

（3）2 台燃油锅炉运行于"蒸汽低压、自动燃烧、主辅协同"，燃用重油。

【操作目标】

（1）掌握全船失电后正确处理的步骤及要领。

（2）熟悉全船失电应急操作的具体分工。

（3）掌握恢复供电后逐步启动设备并维持电网正常运行。

【操作内容】

发电机跳闸造成全船突然失电的原因十分复杂，一般有下列几种原因：

（1）电站本身故障，如空气开关故障、相复励变压器故障等。

（2）发生大电流、过负荷，如大功率泵的启动或发生了电气短路现象。

（3）大功率电动辅机故障或启动控制箱的延时发生变化。

（4）发电机及其原动机本身的故障，如调速器故障和滑油低压、冷却水低压、燃油供油中断等。

（5）操作失误造成全船突然失电。

根据教练员所设置的各种全船失电故障现象，判断故障原因并排除故障，并采取相应的处理步骤。

1. 并车操作时发生全船失电

不论是普通电站或者是具有电站管理系统的自动电站,还是采取手动或是自动并车操作,都有可能因并车操作不当导致发电机主开关过流保护动作或逆功率保护动作等原因发生跳闸,从而造成全船失电,船舶电站同步屏仿真界面如图6-7所示。

（1）在报警处理界面进行应答报警和消声。

（2）检查原运行机组与待并机组的机、电状况,复位过流保护装置或复位逆功率继电器。

（3）恢复正常后合上其中任一台机组的主开关。

（4）然后按功率大小及重要性逐级启动各类负荷。

（5）待发电机组带上相当负荷时,再将另一台机组按并车条件进行并车操作。

（6）检查应急发电机是否自动启动,如已启动,应手动停止后再转为自动状态。

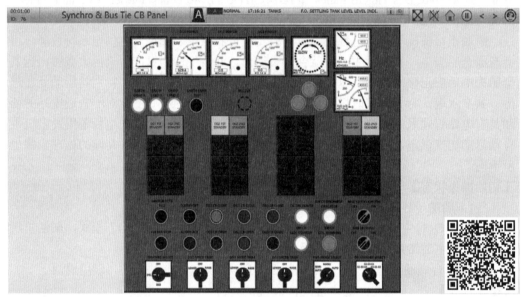

图 6-7 船舶电站同步屏仿真界面

2. 启动大负荷或同时启动多个较大负荷时发生全船失电

船上经常会启动起货机、锚机等较大负荷的设备,或这些设备同时启动时,就可能因电流冲击过大导致发电机主开关发生跳闸,从而造成全船失电。

（1）在报警处理界面进行应答报警和消声。

（2）复位过流保护装置,然后合上发电机主开关。

（3）再按功率大小及重要性逐级启动各类负荷投入运行。

（4）启动备用发电机组,待一切正常后按并车操作要求进行并联运行的操作。

（5）并车完成后再启动大负荷投入运行。

（6）检查应急发电机是否自动启动,如已启动,应手动停止后再转为自动状态。

3. 运行机组因机械故障发生全船失电

由于发动机组的机械故障引起全船失电的案例不在少数,发动机组都设置有安全保护装置，一旦有故障发生，就会在几秒钟内触发保护装置动作而停机，这时往往是先跳电后备用机组才会自动启动并电，船舶会处于短时的全船失电状态。

（1）在报警处理界面进行应答报警和消声。

（2）若报警信号指示滑油失压、冷却水高温、机组超速等，可启动备用机组，待转速、滑油压力、电压正常后合闸供电。

（3）按功率大小及重要性逐级启动各类负荷。

（4）检查应急发电机是否自动启动，如已启动，应手动停止后再转为自动状态。

（5）最后检修故障机组。

4. 运行机组因发电机内部短路或失压保护动作发生全船失电

发电机内部短路或失压保护动作都属于电力系统故障，控制系统正常会由自动切换至非自动状态，这时值班人员切忌启动机组、合闸供电，需要正确判断故障原因才能进行操作。

（1）查看报警指示，确认故障原因后在报警处理界面进行应答报警和消声。

（2）若机组仍在运行但电压很低或没有电压，说明是失压保护跳闸，则应停止这一台机组，然后启动备用机组投入电网运行，最后再检查故障机组的发电机调压器。

（3）若机组仍在运行且电压正常，说明可能是短路保护跳闸，则应检查主配电板汇流排是否短路，排除故障后即可合闸供电。

（4）检查应急发电机是否自动启动，如已启动，应手动停止后再转为自动状态。

（5）最后检修故障机组。

5. 燃油系统供给故障导致电网跳闸造成全船失电

由于添加劣质燃油加上处理不当，在使用时经常会导致燃油系统供给中断，或者因为供油系统机械故障引发发动机组降速或停车，从而导致发动机失压保护跳闸，造成全船失电。

（1）在报警处理界面进行应答报警和消声。

（2）用轻油应急供油系统启动备用发电机组投入电网运行。

（3）如果是发动机调速器故障，此时检查燃油供给系统，确认系统本身无故障后，备用发电机组可以转为正常燃油供给系统运行。

（4）如果是供油系统机械故障，检修故障，确认正常后机组才能投入燃油供给系统运行。

（5）检查应急发电机是否自动启动，如已启动，应手动停止后再转为自动状态。

6. 全船失电时应采取的措施

不管是什么原因造成电力中断时，轮机部全体人员应立即前往机舱，值班人员尽快通知驾驶台，如果船舶正处于航行中应马上转为备车操作，按照全船失电应急操作部署做好各项相应工作。根据船舶航行状态不同应采取不同措施，力争在最短的时间内恢复正常供电，以避免因失电而造成其他重大事故。

（1）如果属于超负荷跳电，跳电后发电机仍在空负荷下运转，应切除非重要负载，如通风机、空调、冰机、厨房和部分照明设备等，然后再次合闸供电。若一次合闸再跳电，应立刻检查故障所在，不应再次合闸。

（2）在全船失电情况下要注意确保舵机、助航设备、消防设备供电。恢复供电后逐台启动有关电动泵以利于发现故障。

（3）运行发电机因故跳闸，正常情况应急发电机会自动启动并提供应急电源，如果是自动化电站，备用发电机也会自动启动切换供电；若是普通电站，则需要手动启动备用发电机组后并电，并且尽快使之投入正常供电。

（4）主发电机跳闸，若备用发电机自动切换失败，可能是更复杂原因所导致，此时必须检查主发电机、主配电板、原动机及其各系统，尽快排除故障恢复主发电机供电。

（5）检查应急发电机及其配电板工作是否正常，白班机工留守值班，直至主发电机恢复供电。

（6）主电力恢复后，重要设备能自动按顺序启动，检查原本运行的各泵是否按顺序启动，而原置"备用"位置的各个设备是否在备用状态，机组是否有相互切换状况。对于没有顺序启动的设备应手动启动。

（7）供电及重要设备运行正常后，通知值班驾驶员检查通信、导航、操舵等仪器，做好复位工作。

（8）船舶在海上航行中突然失电时，应立即停止主机并报告驾驶台，然后迅速启动备用发电机组，尽快恢复供电。如果情况特殊急需用车避让，只要主机有可能短期运转则应执行驾驶台命令。如备用发电机组也不能启动，应启动应急发电机（正常情况下，应急发电机应自动启动），并优先给导航设备和舵机供电。在恢复正常供电后，开启为主机服务的油、水系统，然后再启动主机。

（9）船舶在狭窄水道或进出港航行中突然失电时，应迅速启动备用发电机组尽快恢复供电，同时立即通知驾驶台并停止主机运转。在应急处理过程中必须有人坚守主机操作台，随时与驾驶台联系。如情况危急船长必须用车避碰时，可按车令强制主机运行而暂不考虑主机后果。

（10）船舶在系泊或锚泊状态发生失电时，应先启动备用发电机组，恢复正常供电后，再分析检查故障原因并予以排除。

6.5　发电机并网时单机跳闸的应急措施

本节操作训练平台为 DMS-2015B 轮机模拟器二维系统相关操作界面（主要在 ID76 界面"Synchro & Bus Tie CB Panel"，ID74、ID75、ID80 界面"Diesel Generator Panel"，ID60~ID65 界面"Emergency Switchboard"上完成操作）。

船舶在多种情况下需要 2 台及 2 台以上的发电机并网运行，由于发电机自身、电站及电网的故障，甚至是人为的误操作都有可能发生单机跳闸，如果没有采取正确的应对措施，对电网的影响可能引起全船失电，酿成重大事故。

【初始操作状态】

（1）船舶于停泊状态或航行中。

（2）NO.1 和 NO.2 主柴油发电机并网发电，发电机系统置于"AUTO"模式。

（3）2 台燃油锅炉运行于"蒸汽低压、自动燃烧、主辅协同"，燃用重油。

【操作目标】
(1) 掌握单机跳闸后正确处理的步骤及要领。
(2) 分析单机跳闸的具体原因和故障排除。

【操作内容】
发电机并网运行指的是多台发电机在电网上并联运行，如果发生单机跳闸，会对电网造成巨大冲击，甚至会引起全船失电。

根据教练员所设置的各种单机跳闸故障，不同情况采取的措施也不同。

1. 发电机自身原因导致单机跳闸

发电机因自身故障，如逆功率、欠压、失压、主空气开关故障、近端处短路、燃油系统故障等原因突然跳闸，这时应采取应急措施。

(1) 紧急切除部分次要负荷，避免在网运行机出现重载也引起跳闸。

(2) 如果确认是发电机本身原因导致跳闸，应快速启动备用机组并入电网，然后检查跳闸原因。

(3) 故障排除后在配电板发电机控制屏上按下"ACB TROLBLE RESET"按钮复位主开关。

(4) 并电操作完成后，将发电机工作方式设置为"AUTO"模式。

(5) 如果引起全船失电，则按全船失电的措施进行处理，重新恢复供电，详见本书6.4节。

2. 外部原因导致单机跳闸

负载突然急剧增大而引起的跳闸，如装卸货时负荷突然加大而跳闸，多数是因为数台大负荷设备同时启动，引起过载保护动作而跳闸。有时也会因人为的误操作或外部的震动冲击而跳闸。此时需要采取正确的应对措施。

(1) 紧急切除部分次要负荷，避免在网运行机出现重载也引起跳闸。

(2) 在配电板发电机控制屏上按下"ACB TROLBLE RESET"按钮复位主开关。

(3) 检查跳闸机的电力参数，若电力参数一切正常，则进行手动的并电操作。

(4) 并电操作完成后，将发电机工作方式设置为"AUTO"模式。

(5) 如果引起全船失电，应按全船失电的措施进行处理，重新恢复供电，详见本书6.4节。

3. 防止单机跳闸失电的安全措施

发电装置担负着全船电力供应的任务，如果发电柴油机发生故障就会造成全船失电，危及船舶安全，所以必须做好发电柴油机的运行管理工作。

(1) 做好配电板、控制箱等设备的维护保养工作。

(2) 做好各电机及其拖动设备的维护保养工作，及时修理与更换有关部件。

(3) 做好发电机及其原动机的维护保养工作。

(4) 在狭窄水道、进出港航行时，增开一台发电机并联运行确保安全。

(5) 在装卸货物期间，如增加开工头数，值班驾驶员应提前通知机舱。

(6) 在狭窄水道、进出港等机动航行时，应尽量避免配电操作，也避免同时使用多种大功率设备，如起货机等。

6.6　自动并车失败后手动并车

本节操作训练平台为 DMS-2015B 轮机模拟器二维系统相关操作界面（主要在 ID76 界面"Synchro & Bus Tie CB Panel"，ID74、ID75、ID80 界面"Diesel Generator Panel"中完成操作）。

具有电站管理系统的自动电站在正常情况下都能实现自动并车、自动分配负载。但在个别特殊状态下可能出现自动并车失败，这时就需要手动并车。手动并车需要在主配电盘上将发电机控制模式开关从"AUTO"转换到"MANU"模式。如有必要，可对发电机主开关进行故障复位，然后进行手动并车操作，最后还要分析自动并车失败的原因。

【初始操作状态】

（1）船舶于停泊状态或航行中。

（2）NO.1 主柴油发电机在网发电，NO.2 主柴油发电机正常运行待并，发电机系统置于"AUTO"模式，柴油机燃油系统运行于主油路系统，油品已换重油。

（3）2 台燃油锅炉运行于"蒸汽低压、自动燃烧、主辅协同"，燃用重油。

【操作目标】

（1）掌握自动并车失败后手动并车的处理步骤及要领。

（2）分析自动并车失败的具体原因和故障排除。

【操作内容】

教员设置故障导致自动并车失败，学员应先判断故障，确认故障后，再进行手动的应急并车操作。

（1）当发生并车失败报警时，应在控制操作屏上查看闪光的报警指示灯或文字，指示灯会显示"DG2 CB CLOSE FAIL"报警指示，按下消声消闪"FLICKER STOP"按钮和确认报警应答"ALARM ACK"按钮。

（2）电站控制模式转换成手动模式，必要时可切除部分次要负载后再进行手动调频，应当避免在负载剧烈变化时并车，或者在并车时断开剧烈变化的负载。若负载剧烈变化（例如多台起货机正在工作、起锚等），引起电网功率、频率、电压有效值大幅度波动，就难以使待并发电机电压有效值、频率、相位与电网的电压有效值、频率、相位一致，此时并车合闸，会产生极大的冲击电流致使主开关跳闸。

（3）在并车屏上开启同步表，通过发电机的调速开关调节待并机频率（同步表按顺时针方向转动，每 3~5 s 一圈），捕捉合闸时机（同步表大约在 11 点钟位置），手动合闸并电。并车操作时，应将待并发电机与电网的频率差限制在 0.5 Hz 之内、相位差在 15°以内。实际操作时，应使待并发电机的频率稍高于电网频率，使待并发电机合闸即带上负载，避免待并发电机出现逆功率，使主开关跳闸。

（4）发电机并入电网之后，应及时转移负载，否则会因电网负载变化而出现逆功率跳闸。有时由于负载变化太大，各台发电机无法及时合理分配负载，而使逆功率继电器动作，造成并车失败。

（5）如果在网发电机处于轻载状态，这时不能立即并车，必要时适当增加一些负载后再并车,因为电网上原有发电机处于轻载状态时,若再并上一台发电机,则它们将难以稳定工作,电网负载稍有波动,就容易使其中一台发电机逆功率运行而跳闸。另外,从节能角度,也应避免两台发电机空载或轻载并联运行。

(6)自动并车失败,手动并车也失败而造成在网主开关跳闸导致全船失电,则按全船失电的措施进行处理,重新恢复供电,详见本书6.4节。

6.7 舵机的应急操作

本节操作训练平台为DMS-2015B轮机模拟器二维系统相关操作界面(主要在ID110界面"Steering System"上完成操作)。舵机系统仿真界面如图6-8所示。

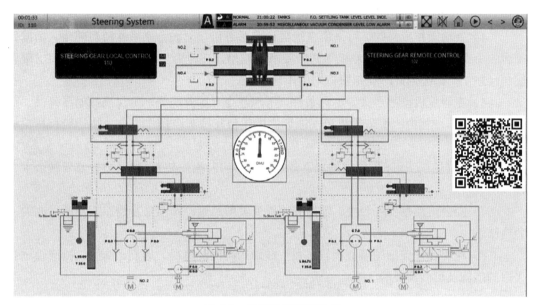

图6-8 舵机系统仿真界面

船舶无论在何种航行条件下航行时,只要发生驾驶室不能有效通过主、辅操舵装置操作舵机的紧急情况,就需要采取应急操舵来控制船舶的航向。航行中突然发生全船失电事故时,必须保证有一部舵机是由应急电源供电并维持运行,此时也应按应急操舵部署来操作。

【初始操作状态】

(1)船舶在航行中。

(2)NO.1和NO.2主柴油发电机并网发电,发电机系统置于"AUTO"模式,柴油机燃油系统运行于主油路系统,油品已换重油。

(3)2台燃油锅炉运行于"蒸汽低压、自动燃烧、主辅协同",燃用重油。

【操作目标】

(1)掌握舵机发生故障时正确处理措施。

(2)掌握应急操舵步骤及要领。

【操作内容】

根据教练员所设置的舵机故障，值班轮机员应在接到驾驶台的通知后，立即报告轮机长并按驾驶台的指令操作主机。应急操舵时，船速需降低至营运船速一半以下。轮机长、大管轮立即进入舵机室现场指挥，按应急操舵部署，轮机部应做到如下几方面：

（1）前往舵机房，检查并确认工作油箱和补油箱的液位正常，报警面板无报警；在 ID101 界面驾驶台舵机报警面板中如有报警需复位。

（2）合上油泵控制箱上的电源开关，启动控制位置转为本地"LOCAL"操作；检查应急舵机系统设备和管路的状态，启动伺服泵电机及主油泵电机，检查并确认油泵和控制箱正常；注意必须断开自动舵电源"AUTO PILOT"开关。

（3）在舵机控制箱上将舵机控制位置转换选择开关"STEERING POSITION"从驾驶台遥控"W/H"转为本地操作"S/G ROOM"（图 6-9）。

（4）手动操作应急舵，可采用直线电话或对讲机与驾驶台联系并校对舵角。根据驾驶台的命令及时正确地操作舵机达到所要求的舵角，在机旁应急操舵时，不能超出最大舵角（35°），因为此时舵角限位功能不起作用。

（5）克服舵机室噪声大等不利条件，听清舵令、回复舵令，确保操舵的准确性。在舵机应急操作过程中，值班轮机员不能远离操作台，按车令操作主机，执行船长和轮机长命令。

（6）加强轮机值班，指导值班水手能独立操作应急操舵装置，尽全力抢修驾驶台主、辅操舵装置。

（7）向公司汇报驾驶台主、辅操舵装置失灵的经过，不能修复的原因及所采取的应急措施。

（8）轮机长作详细的事故报告：发生故障的时间、海况、地点、原因、抢修经过和采取的措施及可能需要的支援。

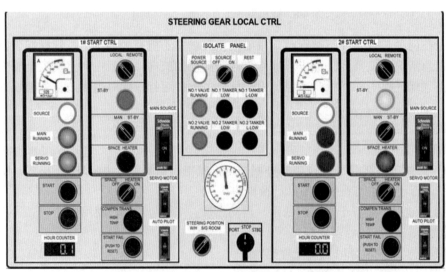

图 6-9 舵机系统本地控制仿真界面

思 考 题

1. 什么情况下需要在主机机旁操作？
2. 在紧急情况下主机从全速到停车，如何利用启动空气进行制动操作？
3. 驾驶台有哪些针对主机的越控应急操作？有什么步骤及注意事项？
4. 简述在实际工作中遇到的主机紧急运行案例，需采取什么措施？
5. 造成全船失电的原因有哪些？如何处理？
6. 如遇到驾驶室不能有效通过主、辅操舵装置操作舵机的紧急情况下，轮机部如何应对？

第7章 轮机设备及系统故障分析与排除

7.1 主机故障分析与排除

低速十字头二冲程柴油机被广泛应用于远洋商船的主推进装置，船舶主柴油机的组成机构和系统十分复杂。机架、机座、贯穿螺栓、气缸和气缸盖是柴油机的主要固定件；活塞、十字头、连杆组件、曲轴及轴承是柴油机的主要运动部件；进排气阀、气阀传动机构、凸轮轴及凸轮轴传动机构组成了柴油机的配气机构；涡轮增压器、空气冷却器、空气滤器、扫气箱及排烟管构成了柴油机的换气系统；喷油泵、喷油器和高压油管构成了柴油机的燃油系统；气缸注油系统和曲轴箱油系统构成了柴油机的润滑系统；水泵、冷却器和温控器构成了柴油机的冷却系统；启动、换向和调速装置组成了柴油机的操作系统。

正是由于柴油机组成机构的复杂、运行工况的多变而恶劣及技术管理的缺陷等多种因素的叠加，导致了主柴油机各种故障多发，影响船舶安全营运。轮机员充分利用主机的性能指标、工作参数和相关技术资料对主机进行健康状态评估和故障诊断的工作至关重要，这也是衡量轮机员技术管理水平的重要标志。

主机的故障多种多样，本节选取三个常见、典型的主机故障进行模拟分析训练，其他故障分析方法类似。

本节操作训练平台为 DMS-2015B 轮机模拟器二维系统相关操作界面。

【初始操作状态】

（1）船舶电力系统在"AUTO"方式下供电。

（2）主机控制方式为驾驶台遥控。

（3）主机正车海上定速车令，主机当前转速在 64 r/min 左右，主机处于负荷程序限制环节的加速阶段。

（4）教练员设置有关主机故障。

【训练目标】

（1）掌握主机故障分析的要领，迅速查找主机故障。

（2）能正确判断并排除主机故障。

（3）能采取必要合理的措施，有效和避免主机故障进一步扩大。

【训练内容】

1. 主机某缸排气阀关闭不良

（1）教练员于模拟器 ID300 界面故障设置系统中设置主机 NO.2 气缸排气阀漏泄故障，主机各缸故障设置界面如图 7-1 所示。

第7章 轮机设备及系统故障分析与排除

页目录	故障信息与值设定				
	编号	值	单位	描述	状态
01 Exhaust Gas System	01230	0	<0-1>	M/E Cyl 1 liner crack	OFF
03 M/E Safety & Governor System	01231	0	<0-1>	M/E Cyl 1 fuel plunger stuck	OFF
04 M/E Local Control	01232	0	<0-1>	M/E Cyl 1 fuel injector needle valve leak (Cylindrical surface)	OFF
05 M/E Manoeuvring System	01233	0	<0-1>	M/E Cyl 1 fuel plunger wear	OFF
06 M/E Cylinder	01234	0	<0-1>	M/E Cyl 1 exhaust valve leakage	OFF
07 M/E Turbocharger	01235	0	<0-1>	M/E Cyl 1 injection valve nozzle clogged	OFF
08 M/E Bearing	01236	0	<0-1>	M/E Cyl 1 fuel injector needle valve leak(cone)	OFF
09 M/E Indicator Diagram	01237	0	<0-1>	M/E Cyl 1 injection timing early	OFF
	01238	0	<0-1>	M/E Cyl 1 injection timing late	OFF
	01338	0	<0-1>	M/E Cyl 1 piston ring leakage	OFF
	01239	0	<0-1>	M/E Cyl 2 liner crack	OFF
	01240	0	<0-1>	M/E Cyl 2 fuel plunger stuck	OFF
	01241	0	<0-1>	M/E Cyl 2 fuel injector needle valve leak (Cylindrical surface)	OFF
	01242	0	<0-1>	M/E Cyl 2 fuel plunger wear	OFF
	01243	1	<0-1>	M/E Cyl 2 exhaust valve leakage	ON
	01244	0	<0-1>	M/E Cyl 2 injection valve nozzle clogged	OFF
	01245	0	<0-1>	M/E Cyl 2 fuel injector needle valve leak(cone)	OFF
	01246	0	<0-1>	M/E Cyl 2 injection timing early	OFF
	01247	0	<0-1>	M/E Cyl 2 injection timing late	OFF
	01339	0	<0-1>	M/E Cyl 2 piston ring leakage	OFF

图 7-1 主机各缸故障设置界面

（2）故障分析与判断。

①在 ID06 界面主机气缸热工监测系统中，可以观察到故障现象，主机 NO.2 气缸排烟温度逐渐升高至 340 ℃左右，明显高于其他各缸平均值（290 ℃左右），主机气缸热工参数监测系统界面如图 7-2 所示。

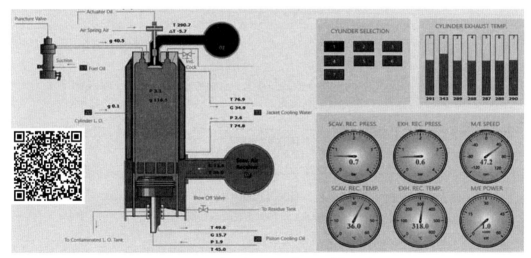

图 7-2 主机气缸热工参数监测系统界面

②驾控台的主机安保界面自动慢车"AUTO EMERG. SLOW DOWN"保护指示灯亮，NO.2 气缸排烟温度过高超限激活主机安保系统，导致主机自动转速降至 47 r/min 左右，已激活主机应急自动降速的驾控台主机操作界面如图 7-3 所示。

③在 ID09 界面测取 NO.2 缸和其他正常缸（如 NO.1 缸）示功图进行对比，（NO.1 缸为 a 线、NO.2 缸为 b 线）NO.2 缸的示功图的压缩压力及爆炸压力均明显较低，面积明显较窄小，指示功率变小（图 7-4）。

④主机降负荷后，有可能在该缸头听到"嘶嘶"声。

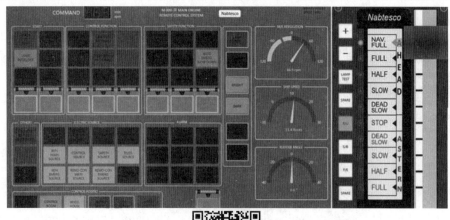

图 7-3　已激活主机应急自动降速的驾控台主机操作界面

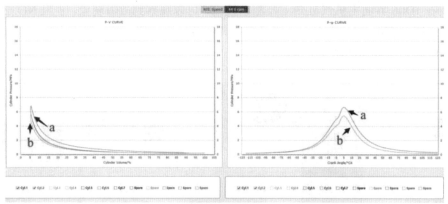

图 7-4　NO.1 和 NO.2 气缸示功图对比

(3) 处理措施。

①航行过程依据主机排温情况合理操作主机降速、降负荷。

②停航期间吊缸检修，确定密封不良的气缸故障位置和严重状况，视气阀实际状况决定是采取研磨排气阀和阀座进行修复还是更换气阀。

2. 主机某缸喷油正时滞后

(1) 教练员于模拟器 ID300 界面故障设置系统中设置主机 NO.2 气缸喷油定时太晚故障。

(2) 故障分析判断方法。

①在 ID06 界面主机气缸热工参数监测系统中，监测到 NO.2 缸排温明显高于其他各缸平均值（图 7-5）。

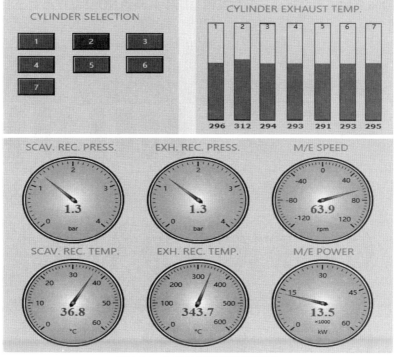

图 7-5 主机各缸排温监测界面

②在 ID09 界面中测取 NO.1 缸（正常缸 a 线）与 NO.2 缸（故障缸 b 线）的示功图对比，NO.2 缸示功图比其他正常缸的爆炸压力略低，压缩压力基本相同，发火点后移（图 7-6）。

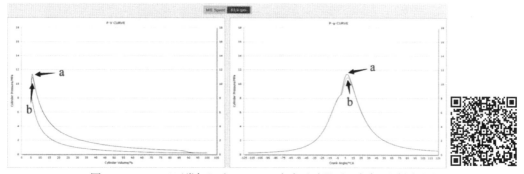

图 7-6　NO.1（正常缸）和 NO.2（喷油正时滞后）气缸示功图对比

（3）处理措施。

①航行期间操作主机适当降速、降负荷。

②停泊期间检查各缸喷油定时并调整。

3. 主机某缸喷油泵柱塞过度磨损

（1）教练员于模拟器 ID300 界面故障设置系统中设置主机 NO.2 缸喷油泵柱塞过度磨损漏泄故障。

（2）故障分析判断方法。

①在ID06界面主机气缸热工参数监测系统中监测到NO.2缸排温明显低于其他各缸平均值（图7-7）。

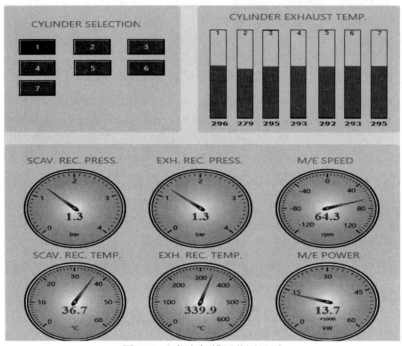

图7-7 主机各缸排温监测界面

②在ID09界面测取NO.1缸（正常缸a线）与NO.2缸（故障缸b线）的示功图对比，NO.2缸爆压降低，膨胀线前移，示功图面积变窄，功率变小（图7-8）。

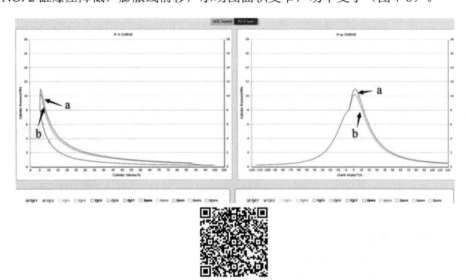

图7-8 NO.1（正常缸）和NO.2（喷油泵磨损）气缸示功图对比

（3）处理措施。
①航行期间，避免长时间燃用轻油。
②管理好燃油黏度控制器，避免燃油黏度设定偏低。

③停泊期间，检修高压油泵，更换柱塞套筒偶件。

7.2 发电柴油机故障分析与排除

通常意义上的船舶发电机一般是指由原动机和发电机所构成的船舶发电机组，发电机组的类型取决于驱动装置（原动机）的形式。远洋商船的主发电机通常有：四冲程多缸中速柴油机为原动机的主柴油发电机，根据船舶类型和电力负荷，一般配置 2～3 台；由主机驱动的轴带发电机；由蒸汽透平机驱动的透平发电机（一般配置于 VLCC 船舶）。另外，船舶电力系统还必须配置 1 台由四冲程高速柴油机驱动的应急发电机。

柴油发电机的基本原理是原动柴油机启动后，其输出轴带动发电机转子旋转，由于安装在转子上的励磁绕组有剩磁，因此该旋转磁场使发电机定子产生电动势，即发电机剩磁电压。该电压经励磁装置整流放大后，为转子励磁绕组提供直流励磁电流，使发电机发出额定电压。调压电阻安装在发电机控制屏上，可对发电机电压微调修正。励磁装置的作用是为励磁绕组提供可控的励磁电流，使发电机电压稳定。

本节操作训练平台为 K-SIM MAN B&W 5L90MC VLCC L11-V 轮机模拟器二维系统相关操作界面。

本节主要就模拟器母型船的主柴油发电原动机典型故障展开训练，同时选取三个常见、典型的发电副机故障进行模拟分析训练，其他故障分析方法类似。有关发电机（电气方面）的故障详见本书 7.3 节。

【初始操作状态】

（1）NO.1 主发电柴油机在自动控制方式下供电。

（2）NO.2 主发电柴油机处于可以启动的备用状态。

（3）教练员设置发电柴油机的相关故障。

【训练目标】

（1）掌握发电柴油机故障分析的要领，迅速查找故障。

（2）能正确判断并排除发电柴油机故障。

（3）能采取必要合理的措施，有效避免故障进一步扩大。

【训练内容】

1. NO.1 副机涡轮增压器进气通道脏堵故障

（1）故障分析与判断。

①在 MD75 界面 NO.1 副机操作系统中设置增压器脏堵故障，脏堵程度为 60%（图 7-9）。

②增压器涡轮端进出口废气温度过高引起报警，通过和该机或其他备用机的正常运行时的工况对比，可以观察到涡轮增压器压气端空气流量明显降低、柴油机扫气压力显著下降。

③增压器涡轮端的废气进口和出口温度都比正常工作状态高出许多，轴功率下降。

④任其发展可能导致备用机组自动启动合闸、NO.1 副机跳闸。

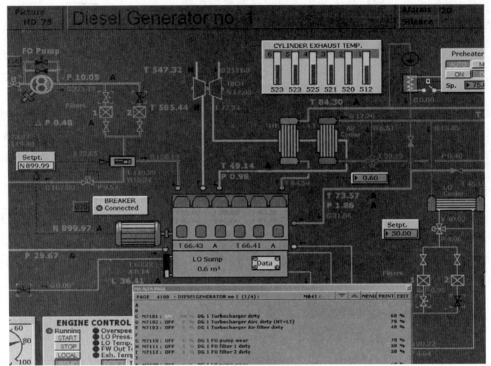

图 7-9 NO.1 副机增压器脏堵故障状态

(2) 处理措施。

①手动或自动换用 NO.2 副机。

②拆洗 NO.1 副机增压器空气滤网,依据说明书或实际工况定期对增压器两端进行清水清洗。

2. NO.1 副机燃油泵磨损

(1) 故障分析与判断。

①在 MD75 界面 NO.1 副机操作系统中设置燃油泵磨损故障,磨损程度为 70%(图 7-10)。

②引起油压低报警、轴功率下降、NO.1 副机燃油泵出口油压和输油量均显著下降(压力 P:10.05→8.99,输油量 G:325.32→94.16)。

③尝试换用 2 号燃油滤器,状况未改变。

④任其发展可能导致备用发电机组自动启动合闸、NO.1 副机跳闸。

(2) 处理措施。

①换用 NO.2 副机。

②检修 NO.1 副机燃油泵,更换磨损部件。

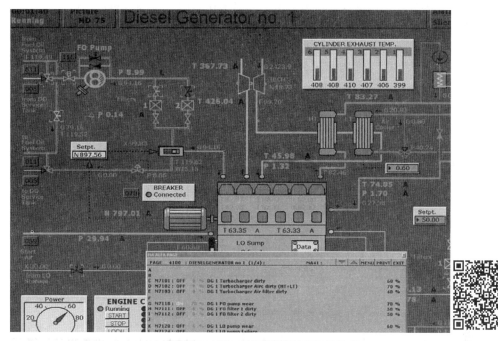

图 7-10　NO.1 副机燃油泵磨损故障状况

3. NO.1 副机滑油冷却器脏污

（1）故障分析与判断。

①在 MD75 界面 NO.1 副机操作系统中设置滑油冷却器脏污故障，严重程度为 80%（图 7-11）。

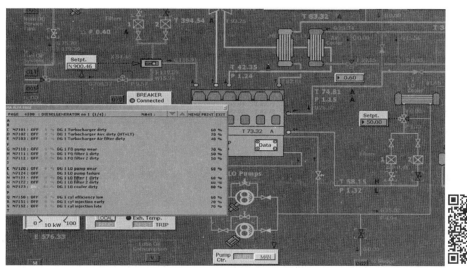

图 7-11　NO.1 副机滑油冷却器脏污故障状况

②滑油进机温度升高至高温报警限值,同时油压下降,预润滑泵自动启动。
③滑油进机压力持续下降,导致低压报警。
④转换2号滑油滤器,状况未改变,任其发展将触发NO.1副机滑油低压停机保护。
(2)处理措施。
①换用NO.2副机。
②拆洗NO.1副机滑油冷却器。

7.3 船舶电站故障分析与排除(含发电机)

船舶电站故障分析的对象主要是电源、配电、电网及负载,尤其以电源、配电为主。船舶电站出现故障的原因很复杂,往往是诸多原因综合叠加的结果。

为了防止电气的种种故障导致船舶电站和电网的重大损害,现代船舶电力系必须设置过载和短路保护、欠压保护、逆功率保护等自动安保环节。

本节主要针对船舶主发电机及主配电板上几个常见的故障进行训练,同时选取三个比较典型的船舶电站故障进行模拟分析训练。

本节操作训练平台为K-SIM MAN B&W 5L90MC VLCC L11-V轮机模拟器二维系统相关操作界面。

【初始操作状态】
(1)船舶电力系统于"AUTO"模式下运行,NO.1发电机在网供电。
(2)其他发电柴油机处于可以启动备用状态。
(3)教练员设置船舶电站的相关故障。

【训练目标】
(1)掌握船舶电站故障分析的要领,迅速查找故障。
(2)能正确判断船舶电站故障。
(3)熟悉船舶电站安保环节的功能。
(4)掌握故障排除后重置船舶电站的正确程序。
(5)能采取必要的合理措施,有效避免故障进一步扩大。

【训练内容】
1. 发电机电压控制不稳定
(1)故障分析与判断。
①在MD70界面船舶电站系统中设置NO.1发电机电压控制不稳定故障(故障代码M7009),NO.1发电机输出电压和汇流排电压出现较大幅度的上下频繁波动(波动跨度390~460 V),激发电站电压异常报警(图7-12)。
②在船舶电站系统界面上出现断路器次要负载卸载保护"Non Ess"警示,在MD72界面主配电板的馈电屏上可以观察到空调装置、伙食冰机、焚烧炉、卫生水及防海生物装置等次要辅助用电设备的供电开关跳闸(图7-13)。

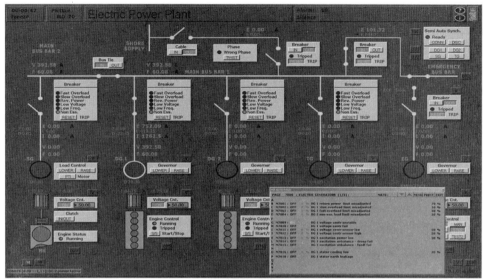

图 7-12　NO.1 发电机及汇流排电压异常状态

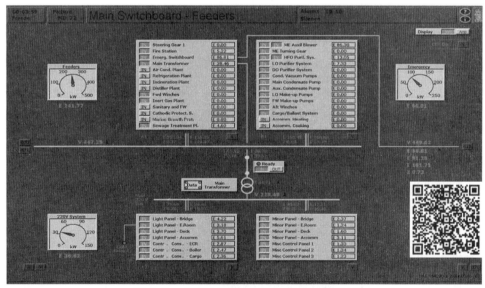

图 7-13　主配电板馈电屏次要负载卸载状况

③NO.2 发电机自动启动并网供电，NO.1 发电机主开关断开，汇流排电压恢复正常（图 7-14）。

（2）处理措施。

①手动或自动启动备用发电机组并网供电，解列故障发电机。

②在主配电板上复位跳闸的次要负载设备的供电开关。

③检修故障发电机的励磁装置和自动调压元件，更换有关故障元件。

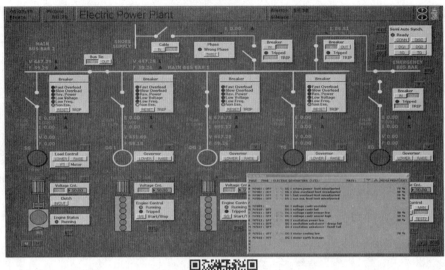

图 7-14　NO.2 发电机自动启动并网供电状态

2. 船舶电网某段主汇流排短路

（1）故障分析与判断。

①在 MD70 界面船舶电站系统中设置汇流排 S1 段短路故障（图 7-15）。

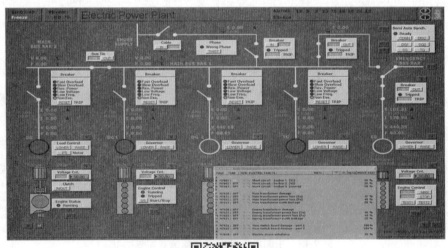

图 7-15　汇流排 S1 段短路时的船舶电站状态

②在 MD141 界面 NO.1 发电机（在网机）的控制屏上瞬间呈现发电机主开关跳闸"Trip"状态，同时过载"Over load"报警（图 7-16）。

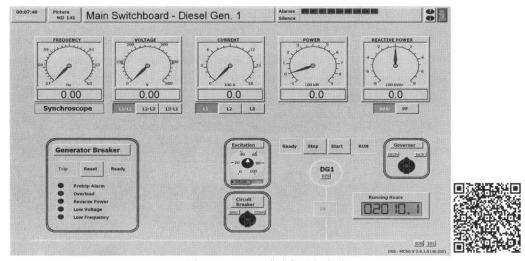

图 7-16 NO.1 发电机跳闸状态

③NO.1 发电机主开关跳闸后停车,随即 NO.2 发电机自动启动合闸供电,瞬间跳闸,两台主发电机主开关均出现过载瞬时跳闸"Fast Overload"报警,船舶主电网失电。

④应急发电机自动启动应急电源。

(2) 处理措施。

①分段检查汇流排短路位置。

②采取分段隔离送电的方法逐一排除短路负载。

3. 机舱供风机马达单相接地漏电

(1) 故障分析与判断。

①在 MD71 界面主配电板负载启动屏上设置 NO.1 风机马达接地漏电故障,利用主配电板绝缘表,检测到 440 V 负载(各个泵及风机的马达)L1 或 L2 相的对地绝缘值正常,为"5 Mohm",但接地漏电电流为"5 A",依此可以判断某个 440 V 负载有漏电故障(图 7-17)。

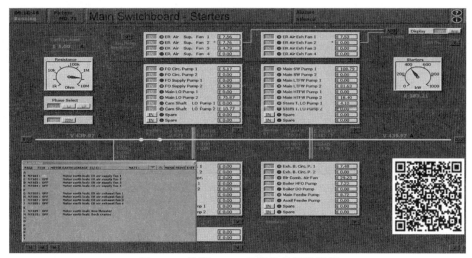

图 7-17 检测 440 V 负载的各相绝缘值

②检测 L3 相时,绝缘值低至"100 kohm"(图 7-18)。依此可判断某个 440 V 负载 L3 相接地漏电。

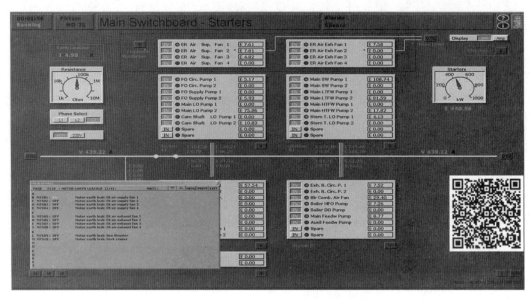

图 7-18 检测 440 V 负载 L3 相时的绝缘情况

③尝试逐个断开各个负载的供电开关,观察到断开 NO.1 供风机后,接地漏电电流为"0 A",各相绝缘值在正常范围,依此判断 NO.1 供风机 L3 相漏电(图 7-19)。

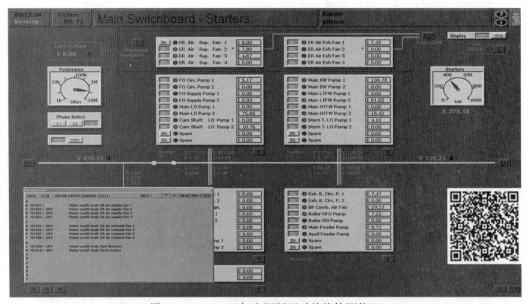

图 7-19 NO.1 风机电源断开时绝缘检测状况

(2)处理措施。

①分段逐个断开负载电源查找漏电设备。

②检修漏电马达。

7.4 自动化系统及设备的故障分析与排除

轮机自动化系统及设备，是指用各种自动化仪表、控制元件和逻辑元件包括计算机在内所组成的各种控制、监视的系统和设备。它能部分地或绝大部分地代替轮机管理人员，对机舱中的运行参数进行自动控制、监视、显示、记录和报警，以及对主要机器设备进行自动操作。

轮机自动化系统及设备主要包括：运行参数的反馈控制系统（反馈控制系统的作用是把机舱中各种运行参数如温度、压力、液位、黏度等控制在所希望的最佳值上），如冷却水温度自动控制系统，燃油黏度自动控制系统等；辅助设备如辅锅炉、自动排渣分油机、自清洗滤器等的自动控制系统；远距离操作系统，如主机遥控系统；集中监视与报警系统；自动开关与切换系统及安全保护系统等。

轮机自动化是动力装置重要组成部分之一，管理好、用好轮机自动化设备对提高动力装置运行的可靠性、安全性和经济性，对降低船舶营运成本、改善轮机管理人员的工作条件及提高船舶技术管理水平都具有十分重要意义。

本节选取三个轮机自动化系统及设备常见的、典型的故障进行模拟分析训练，其他故障分析方法类似。

本节操作训练平台为 K-SIM MAN B&W 5L90MC VLCC L11-V 轮机模拟器二维系统相关操作界面。

【初始操作状态】
（1）船舶电力系统正常供电，运行于"AUTO"方式。
（2）各个主动力及辅助系统全部运行。
（3）主机驾控运行于海上正向慢速。
（4）教练员设置相关自动化设备及系统的故障。

【训练目标】
（1）熟悉相关轮机自动化设备的控制特性。
（2）掌握自动化故障分析的要领，迅速查找故障。
（3）采取必要的合理措施，有效避免故障进一步扩大。
（4）自动化设备故障后，掌握"MANU"控制方式的切换方法，以保证热力系统工作参数正常范围的控制。

【训练内容】
1. 主机遥控操作失灵
（1）故障分析与判断。
①主机正向慢车运行，设置主机遥控系统失灵故障后，在 MD110 界面主机驾控系统中将车手柄（车钟、油门二合一）推至"HALF"，主机无法实现加车（图7-20）。
②将驾控切换为集控台控制，仍然无法实现主机加车。
③将主机操作方式切换到"LOCAL"控制，可以实现正常加车（图7-21）。
（2）处理措施。
①主机紧急切换为"LOCAL"操作方式。

②择机检修主机遥控电气控制模块，更换故障电气件或电路板。

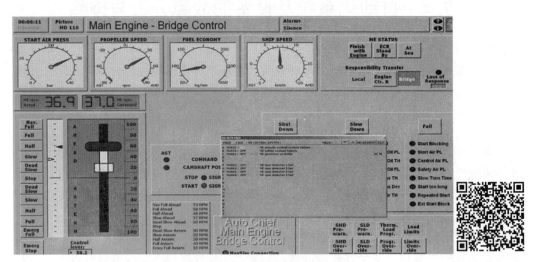

图 7-20　主机驾控失灵故障状态

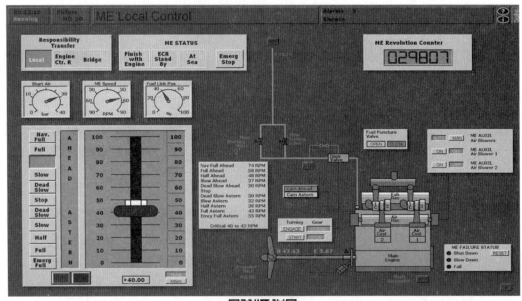

图 7-21　主机机旁加车成功

2. 主机缸套水温度控制器失灵

（1）故障分析与判断。

①在 MD10 界面主机缸套水冷却系统中设置主机缸套水控制器失灵故障（故障代码 M1212）后，操作主机从"SLOW"加车至"FULL"的过程中，主机缸套水出口温度逐渐升高直至高温报警，随后膨胀水柜也出现高水位报警（沸腾所致）（图 7-22）。

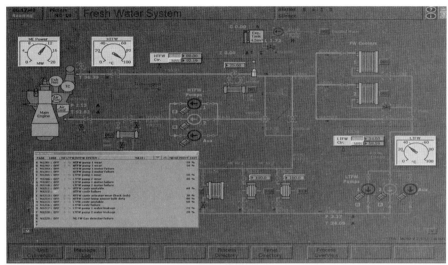

图 7-22　主机缸套水温度控制器失灵故障状态

②任其发展主机驾控台安保面板将出现自动降速"SLD Pre-Warm"预警（图 7-23），若 6 s 延时内未采取有效措施，主机将降速。

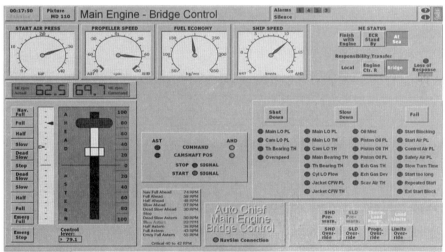

图 7-23　主机驾控台安保面板出现降速预警

③尝试将主机高温水控制器切换为手动"MANU"模式，手动调节三通调温阀，增加缸套水进冷器的流量，减少旁通量，主机缸套水出机温度开始降低逐渐恢复正常

（图7-24）。

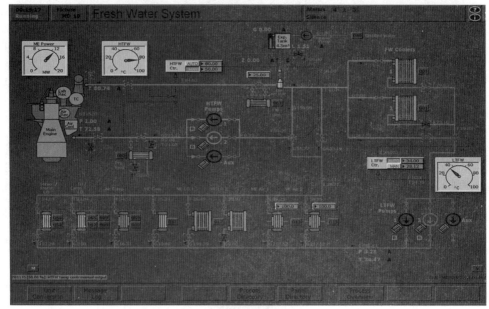

图7-24　主机高温水控制器手动模式

（2）处理措施。

①将主机高温水控制器迅速切换为"MANU"模式，手动调节缸套水温。

②若主机自动降速激活成功，待主机缸套水温正常后，将车钟油门手柄拉至慢车档，进行复位后重新再加车至需要的档位。

③择机检修主机高温水控制装置。

3. 自动排渣式滑油分油机失去密封

（1）故障分析与判断。

①在MD09界面滑油分油机自动工作过程中设置分油机失去密封故障，分油机控制面板指示分油机低油压"Bowl close & seal lost"报警（图7-25）。

②可以观察到分油机排泄管有大量滑油漏泄。

③可以观察到分油机进机三通阀自动切换为旁通，水封水供给电磁阀自动开启。

④故障复位后，尝试将分油机工作模式切换为"MANU"，进行手动排渣操作，重新分油操作依然跑油。

（2）处理措施。

①将分油机切换为"MANU"模式，手动排渣冲洗分油机分离筒。

②分油机手动停机，关闭油泵和加热器，拆洗并检查分油机分离筒本体及配水盘。

③检查水封水、补偿水及操作水的给水电磁阀是否卡滞。

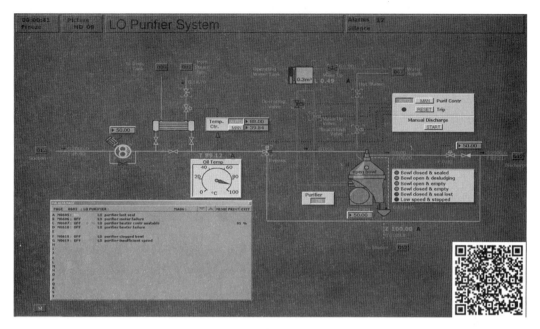

图 7-25 滑油分油机失去密封故障状态

7.5 燃、滑油系统及其设备的故障分析与排除

船舶动力装置的燃油系统包括燃油加装、燃油驳运、燃油净化及燃油供给单元。本节只对其中的主机燃油供给单元的故障进行讨论，燃油供给单元（系统）的主要作用是对燃烧燃油的处理，系统可保证从日用柜进入柴油机的燃油具有合适的流量、压力、黏度和清洁度。

主机的燃油供给系统及设备的常见故障现象有：燃油压力低、燃油供应量不足、燃油黏度异常（过高或过低）、燃油温度异常（过高或过低）、燃油自清滤器异常、燃油中水分高及燃油带气等。

船舶主、副柴油机的滑油系统的作用是保证为柴油机各运动部件供给符合工作要求品质的润滑和冷却的润滑油。滑油系统主要由主机滑油系统、副机滑油系统、艉轴滑油系统、滑油净化和驳运系统等组成。

滑油系统及其设备的常见故障现象有：滑油压力低、滑油温度高、滑油滤器压差大、滑油乳化变质等。

本节选取燃、滑油系统及设备的三个常见的、典型的故障进行模拟分析训练。

本节操作训练平台为 DMS-2015B 轮机模拟器二维系统相关操作界面。

【初始操作状态】

（1）船舶电力系统正常供电，运行于"AUTO"方式。

（2）各个主动力及辅助系统全部运行。

（3）主机运行于海上定速。

（4）教练员设置相关燃、滑油系统及设备的故障。

【训练目标】

（1）掌握燃、滑油系统及设备的常见故障的分析和判断的基本方法。

（2）掌握燃、滑油系统及设备故障后的合理措施，有效避免故障进一步扩大。

【训练内容】

1. 主机燃油黏度计失灵

（1）故障分析判断方法。

①在ID10界面主机燃油系统中观察到主机燃油进机黏度逐渐下降（也可能上升），和设定值（13 cst）偏差越来越大（图7-26），甚至出现上、下限越限报警（此故障现象是黏度逐渐下降，激发下限报警）。

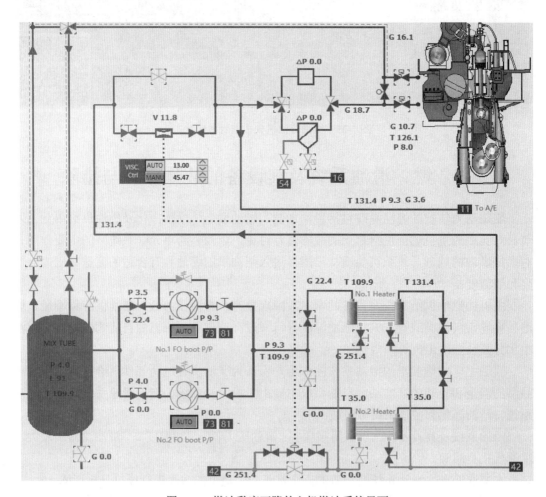

图7-26 燃油黏度下降的主机燃油系统界面

②主机燃油黏度控制器控制界面上显示燃油实际黏度值已经和设定值（13 cst）偏离逐渐加大，偏差值已达1.13，并有继续扩大的趋势（图7-27）。

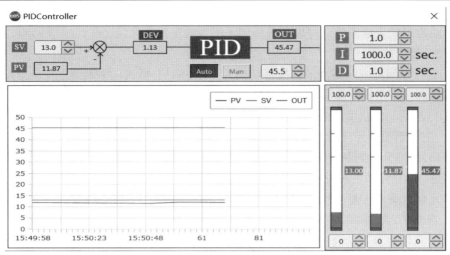

图 7-27　主机燃油黏度控制器控制界面

③将黏度计转为手动控制，通过手动加减按钮，调节加热蒸汽阀的开度，可有效稳定燃油进机黏度。

（2）处理措施。

①将燃油黏度 PID 控制器转为"MANU"模式，手动调节加热蒸汽阀，将燃油进机黏度调整至设定值左右。

②对旁通燃油黏度控制器进行检修。

2. 主机滑油自动调温阀失灵

（1）故障分析判断方法。

①在 ID20 界面主机滑油系统中观察到主机滑油进机温度逐渐上升，偏离温控器的设定值 45 ℃，滑油 PID 温控器的输出值未发生变化，任其发展将触发主机滑油低压报警（图 7-28）。

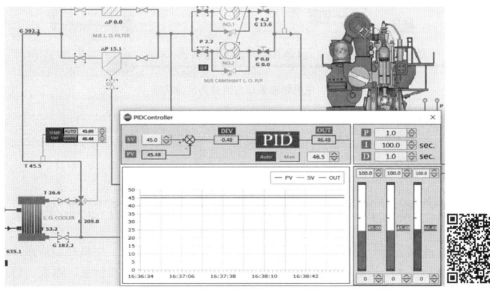

图 7-28　主机滑油系统和滑油温控器控制界面

②将主机滑油温控器设为"MANU"模式，手动调节主机滑油冷却器三通调温阀，减少滑油冷却的旁通流量，可以有效稳定主机滑油进机温度。

（2）处理措施。

①航行期间可临时将滑油温控器切换为"MANU"模式，手动调整主机滑油冷却器三通调温阀，将主机滑油进机温度调整至正常工作范围。

②停泊期间停止滑油系统，检修温控器。

3. 主机燃油单元自清滤器滤芯脏堵

（1）故障分析判断方法。

①在ID10界面主机燃油系统中观察到进机燃油压力从 8 kg/cm² 降为 6.7 kg/cm²、主机单元自清滤器压差 ΔP 升高至 3.4 kg/cm²，出现报警（图7-29）。

②在ID10界面中观察到主机燃油进机流量由 18.7 t/h 左右降为 13.0 t/h。

③对自清滤器手动反冲后压差快速增大。

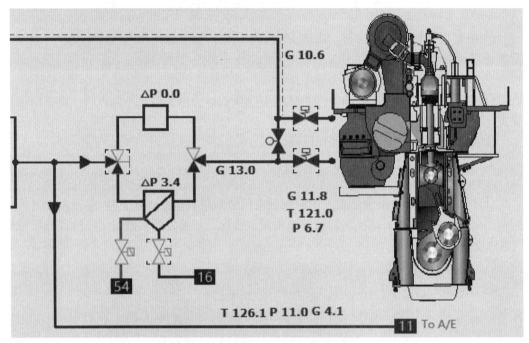

图7-29 主机燃油系统自清滤器故障状态

（2）处理措施。

①切换为旁通滤器。

②拆洗自清滤器。

7.6 海、淡水系统及其设备的故障分析与排除

船舶海、淡水系统一般包括海水冷却系统、低温淡水冷却系统、主机高温淡水冷却系统、副机高温淡水冷却系统及日用淡水系统等。每个水系统通常由管系、水泵、进出阀门、热交换器、膨胀水箱或压力水柜以及温控调节阀等设备组成。

海水系统常见的故障现象有：海水进机温度异常（过高或过低）、海水系统压力低、冷却器冷却效果不佳、管系破损等。

淡水系统常见的故障现象有：淡水进机温度异常（过高或过低）、淡水系统压力低、冷却器冷却效果差等。

本节选取海、淡水系统及设备的三个常见的、典型的故障进行模拟分析训练，其他故障分析方法类似。

本节操作训练平台为 DMS-2015B 轮机模拟器二维系统相关操作界面。

【初始操作状态】

（1）船舶电力系统正常供电，运行于"AUTO"模式。

（2）各个主动力及辅助系统全部运行。

（3）主机运行于海上定速。

（4）教练员设置相关海、淡水系统及设备的故障。

【训练目标】

（1）掌握海、淡水系统及设备的常见故障的分析和判断的基本方法。

（2）掌握海、淡水系统及设备故障后的合理措施，有效避免故障进一步扩大。

【训练内容】

1. NO.1 中央冷却器海水端脏堵

（1）故障分析判断方法。

①在 ID30 界面海水冷却系统中 NO.1 中央冷却器海水进口端压力增加，海水出口端压力减小，海水流量减少（图 7-30）。

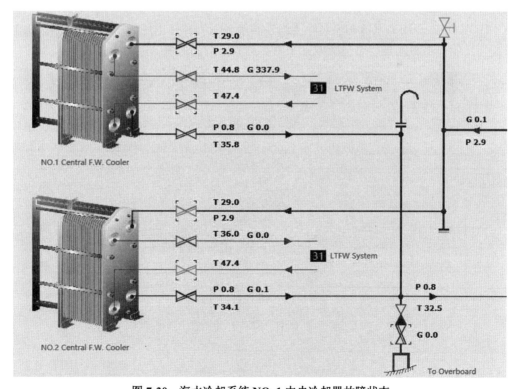

图 7-30　海水冷却系统 NO.1 中央冷却器故障状态

②在 ID31 界面低温淡水冷却系统中单独使用 NO.1 中央冷却器时，低温淡水出口温度逐渐升高至 46 ℃，低温淡水出现高温报警（图 7-31）。

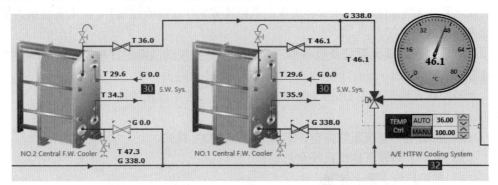

图 7-31　低温淡水冷却系统 NO.1 中央冷却器故障状态

③检测到 NO.1 中央冷却器淡水进出口温差减小，海水进出口温差增大，换用 NO.2 中央冷却器后，低温淡水温度将很快恢复正常。

（2）处理措施。

①必须迅速切换为 NO.2 中央冷却器，拖延将导致低温淡水系统工作状况恶化，进一步导致主机扫气高温、主机缸套水高温、滑油高温等，可能最终导致主机自动降速甚至停车和主发电机跳电。

②检修并拆洗 NO.1 中央冷却器，使之保持良好备用状态。

2. 高位海底阀箱侧海水滤器脏堵

（1）故障分析判断方法。

①在 ID30 界面海水冷却系统中主海水泵吸入压力和排出压力均降低，低温淡水温度升高（实船上主海水泵会出现噪声）（图 7-32）。

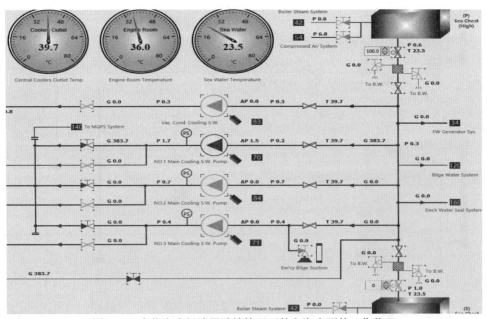

图 7-32　高位海底门滤器脏堵情况下的主海水泵的工作状况

②检查主海水泵吸入压力和排出压力并与正常压力值比较，换用低位海底阀箱侧海水滤器，则主海水泵吸入压力和排出压力恢复正常。

（2）处理措施。

①迅速换用低位海底门，避免中央冷却水系统崩溃引起主、副机慢车或停车。

②关闭高位海底门吸入阀门，拆洗海底阀箱侧海水滤器，使之保持良好备用状态。

3. NO.1 低温淡水泵叶轮和口环磨损超限

（1）故障分析判断方法。

①初始时，在 ID31 界面低温淡水冷却系统中 NO.1 低温淡水泵单机运行，三台低温淡水泵在主配电板上被置于"AUTO"模式（在 ID70、ID71、ID84 等界面主配电板的组合启动屏上设置）（图 7-33）。

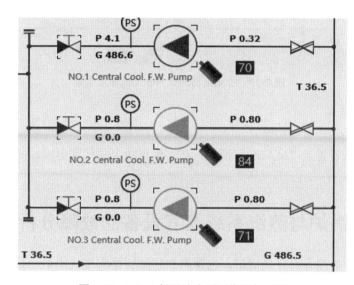

图 7-33　NO.1 低温淡水泵正常运行界面

②发生故障后，NO.2 低温淡水泵自动启动工作，排压为 4.0 bar，NO.1 低温淡水泵停止工作（图 7-34）。

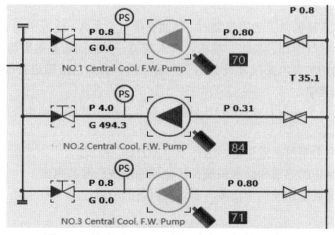

图 7-34　故障后，NO.2 低温淡水泵自动运行界面

③查看报警记录,及时手动停止备用的 NO.2 低温淡水泵,启动 NO.1 低温淡水泵,检查出口压力仅为 0.8 bar(图 7-35)。

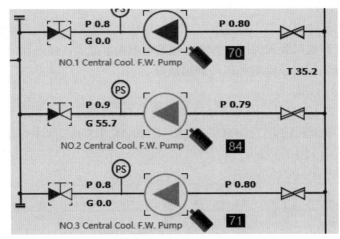

图 7-35　手动启动测试 NO.1 低温淡水泵

(2)处理措施。

①自动或手动运行备用泵。

②将故障泵设置为"MANU"模式,在主配电板上关闭其电源,择机检修更换叶轮口环。

7.7　锅炉与蒸汽系统及其设备的故障分析与排除

母型船锅炉类型为组合式锅炉,包含燃油辅助锅炉和废气锅炉。整个锅炉系统由水系统、油系统、蒸汽系统组成。水系统包括锅炉炉水给水部分、辅锅炉与废气锅炉之间的循环水部分。油系统包括重油支路、轻油支路。蒸汽系统就是锅炉蒸汽的分配系统,其任务是将锅炉产生的蒸汽按不同压力的需要,送至各个需要蒸汽加热的设备和场所,工作之后的蒸汽(大部分形成冷凝水),经由冷凝器回收至热水井,形成锅炉补充水的来源。

锅炉与蒸汽系统的常见故障现象有:燃油锅炉点火失败、运行中熄火、燃烧不稳定、烟面着火、炉膛燃气爆炸、失水、满水、汽水共腾、受热面管系破裂等。

本节选取锅炉与蒸汽系统及设备的三个常见的、典型的故障进行模拟分析训练,其他故障分析方法类似。

本节操作训练平台为 DMS-2015B 轮机模拟器二维系统相关操作界面。

【初始操作状态】

(1)船舶电力系统正常供电,运行于"AUTO"模式。

(2)燃油锅炉的燃油和给水系统及其他辅助系统已准备完成。

(3)教练员设置相关锅炉与蒸汽系统及设备的故障。

【训练目标】

(1)掌握锅炉与蒸汽系统及设备常见故障的分析和判断的基本方法。

（2）掌握锅炉与蒸汽系统及设备故障后的合理措施，有效避免故障进一步扩大。

【训练内容】

1. NO.1 锅炉点火电磁阀开启失灵

（1）故障分析判断方法。

①燃油锅炉系统的燃油、给水、控制系统及其他辅助系统均已准备完毕。

②在 ID40 界面锅炉燃烧控制系统中，"MANU"模式启动 NO.1 锅炉，NO.1 锅炉燃烧器工作程序进行到点火"IGNITION"步骤时，可以观察到点火油泵可以启动，点火电极可以工作打火，但串联的两个点火供油电磁阀其中之一无法打开，点火油无法输送，点火失败（图 7-36）。

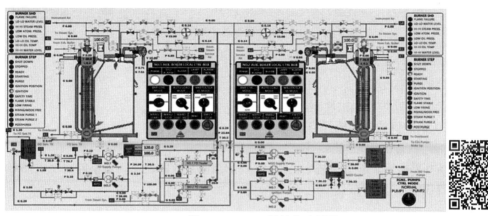

图 7-36　NO.1 锅炉启动界面

③NO.1 锅炉燃烧控制面板出现故障熄火"FLAME FAILURE"报警，NO.1 锅炉自动中止启动程序（图 7-37）。

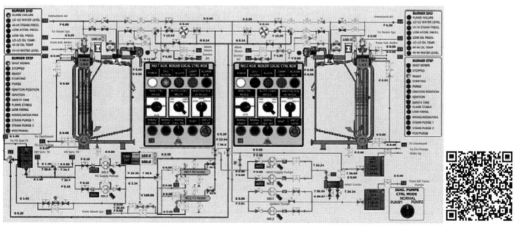

图 7-37　NO.1 锅炉点火失败报警状态

④尝试手动启动 NO.2 锅炉燃烧器进行对比观察，NO.2 锅炉燃烧器点火及燃烧工作均正常（图 7-38）。

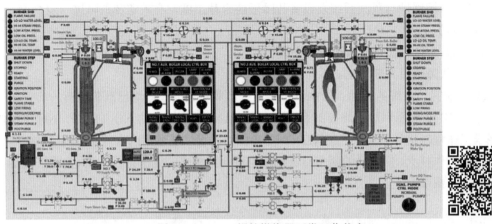

图 7-38 NO.2 锅炉燃烧器正常工作状态

(2) 处理措施。

① 启用 NO.2 锅炉。

② 更换 NO.1 锅炉点火供油电磁阀。

2. NO.1 锅炉供油电磁阀开启失灵

(1) 故障分析及判断方法。

① 在 ID40 界面锅炉燃烧系统中，NO.1 锅炉启动点火时正常，但不能启动主油路喷油燃烧（图 7-39）。

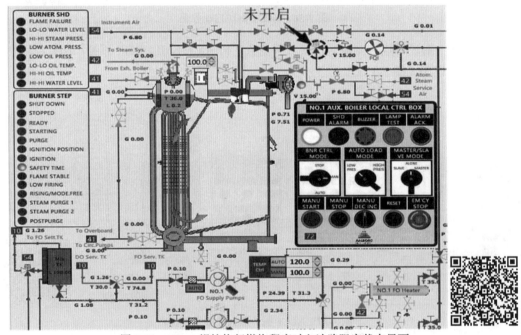

图 7-39 NO.1 锅炉执行燃烧程序时主油路阻塞状态界面

② "MANU" 模式启动 NO.2 锅炉，NO.2 锅炉运行正常（图 7-40），对比观察到 NO.1 锅炉在启动燃烧程序时，主油路的第 1 道供油电磁阀不能开启。

第7章 轮机设备及系统故障分析与排除

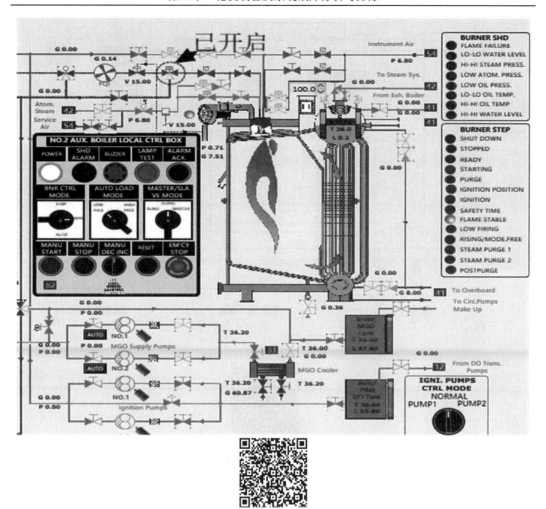

图 7-40 NO.2 锅炉正常运行时的主油路供油电磁阀状态

（2）处理措施。

①启用 NO.2 锅炉。

②更换 NO.1 锅炉主油路第 1 道供油电磁阀。

3. NO.1 锅炉主给水泵故障

（1）故障分析及判断方法。

①在 ID41 界面锅炉给水系统中，尝试手动启动 NO.1 锅炉主给水泵为锅炉补水，水泵运转，但排出压力低。

②当锅炉给水系统置于"AUTO"模式时（主给水泵置于"AUTO"模式，锅炉水位控制器置于"AUTO"模式），主给水泵组自动转换为备用 NO.2 水泵启动供水，NO.1 锅炉主给水泵已停（图 7-41）。

（2）处理措施。

①手动或自动换用其他备用泵。

②择机检修 NO.1 锅炉主给水泵。

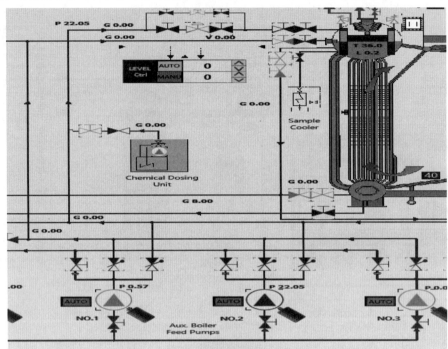

图 7-41　锅炉主给水泵自动转换为 NO.2 水泵

7.8　压缩空气与主机操作系统及其设备的故障分析与排除

　　大型柴油机均采用压缩空气的启动方式。压缩空气系统包括主压缩空气系统和控制空气系统。主压缩空气系统主要是为主机、发电柴油机、日用空气系统和控制空气系统提供压缩空气。控制空气系统主要是为全船控制空气提供气源。

　　压缩空气系统的设备通常包括空气压缩机、管系、阀件、空气瓶、减压装置、过滤干燥装置及安全装置等。压缩空气系统常见的故障现象有：空压机无法启动、空压机运转供气效率低或无法供气、阀件泄漏、启停电磁阀故障、减压失灵等。

　　主机操作系统由启动、换向和调速装置以及控制这些装置的机构构成。其功能是使船舶主机具有启动、停车、定速、变速、超速、限速、超负荷、限制负荷、正倒车的能力，以满足船舶机动航行的要求。主机操作系统的常见故障现象有：启动指令后启动失败、换向指令后换向失败、主机启动转速低或运转不平稳、启动后不久停车、启动时间过长、遥控操作失灵等。一般来说，主机气动操作系统故障有启动故障和换向故障两大类，不论哪种故障，在采取进一步措施前，必须在不同的操作位置（机旁、集控和驾控）进行测试，以进一步确定在哪个部位操作不能启动或换向。

本节选取压缩空气与主机操作系统及设备的三个常见的、典型的故障进行模拟分析训练，其他故障分析方法类似。

本节操作训练平台为 DMS-2015B 轮机模拟器二维系统相关操作界面。

【初始操作状态】

（1）船舶电力系统正常供电，运行于"AUTO"模式。

（2）各个主动力工作系统及辅助系统准备完成。

（3）教练员设置相关压缩空气与主机操作系统及设备的故障。

【训练目标】

（1）掌握压缩空气与主机操作系统及设备常见故障的分析和判断的基本方法。

（2）掌握压缩空气与主机操作系统及设备故障后的合理措施，有效避免故障进一步扩大。

【训练内容】

1. 活塞式空压机低压吸入阀漏泄

（1）故障分析与判断方法。

①在 ID53 界面压缩空气系统中，手动（或自动）启动 NO.1 主空压机向主气瓶供气，供气缓慢，最终可能导致空压机运行时间过长而触发电动机热保护跳闸。

②启动 NO.2 空压机，供气时间正常。

③同时手动启动 NO.1 和 NO.2 空压机，对比压缩空气压力和流量等参数，可以明显观察到 NO.1 空压机的第一级压力和压气流量都明显低于 NO.2 空压机（图 7-42）。

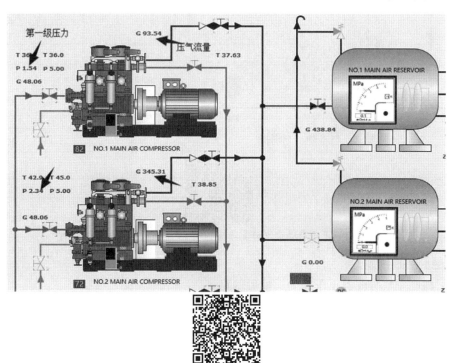

图 7-42　两台空压机工况对比界面

（2）处理措施。

①换用 NO.2 空压机。

②拆卸检修 NO.1 空压机第一级阀组（研磨阀片与阀座，若阀片断裂则更换）。

2. 主机操作系统的正车启动空气分配器控制阀 14 卡在关闭（断气）位

（1）故障分析与判断方法。

①机旁或遥控方式操作主机正车，均无启动空气进入气缸。

②机旁或遥控方式操作主机倒车，均倒车启动正常。

③倒车启动后，停主机，再次正车启动主机，仍然无启动空气进入气缸，则可以判定正车启动空气分配器控制阀 14 卡在关闭（断气）位置。在 ID05 界面主机操作系统中观察主机控制空气运行状况（图 7-43）。

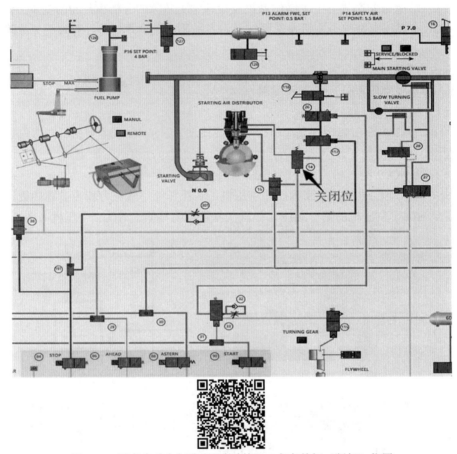

图 7-43　正车启动空气分配器控制阀 14 卡在关闭（断气）位置

（2）处理措施。

①截断空气分配器正车控制阀前后气路。

②拆检、清洁并活络正车启动空气分配器控制阀 14。

3. 主机操作系统的停车总阀 25 卡在停油位置

（1）故障分析与判断方法。

①高压油泵进油压力正常。

②机旁启动主机时，启动空气可以进入气缸进行启动，主机转速达到 30 r/min 左右后随即降速到停车，无法维持最低稳定转速。

③遥控方式启动主机时，主机遥控控制面板出现三次重复启动失败报警。依据以上可以判定停车总阀 25 卡在停油位置。在 ID05 界面主机操作系统中观察主机启动时控制空气的运行状况（图 7-44）。

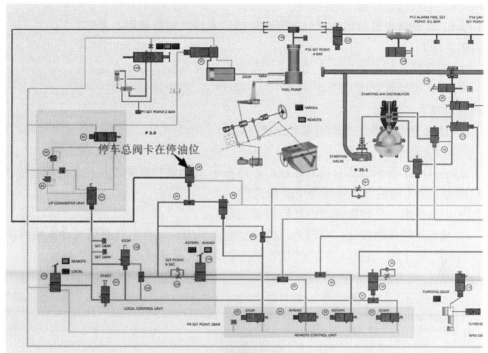

图 7-44　停车总阀 25 卡在停油位

（2）处理措施。
①截断停车总阀 25 的前后气路。
②拆检、清洁并活络停车总阀 25。

7.9　其他系统及其设备的故障分析与排除

本节所述"其他系统及其设备"指的是除了主动力工作系统及辅助系统之外的其他系统及设备，包括：生活辅助系统及设备（如船舶制冷与空调装置）；船舶防污染设备（如船用油水分离器、船舶生活污水处理装置、船用焚烧炉、船舶压载水处理装置）；船舶通用与消防系统（如船舶消防系统、船舶压载水系统、舱底水系统）；船舶应急设备（如应急电源、风油应急切断装置、通风筒防火板应急关闭装置等）。

本节选取船舶防污染设备的两个常见的、典型的故障进行模拟分析训练。

本节操作训练平台为 DMS-2015B 轮机模拟器二维系统相关操作界面。

【初始操作状态】
(1) 船舶电力系统正常供电,运行于"AUTO"模式。
(2) 各个主动力及辅助系统全部运行。
(3) 主机运行于海上定速。
(4) 教练员设置船用油水分离器和生活污水处理装置的相关故障。

【训练目标】
(1) 掌握其他系统及设备的常见故障的分析和判断的基本方法。
(2) 掌握其他系统及设备故障后的合理措施,有效避免故障进一步扩大。

【训练内容】
1. 油水分离器排油气动阀卡死无法开启

(1) 故障分析与判断。

①在 ID121 界面油水分离器系统中,15 ppm 排油监控报警,污水含油率超标(也可以设置为油分监测装置故障报警功能测试)。

②污水排出三通转换阀已自动转排舱底水柜。

③按下手动排油按钮,观察到:排油电磁阀有电后,有空气通到气动排油阀,但气动排油阀无法开启(实船上手动打开低位放油检查阀有油排出)(图 7-45)。

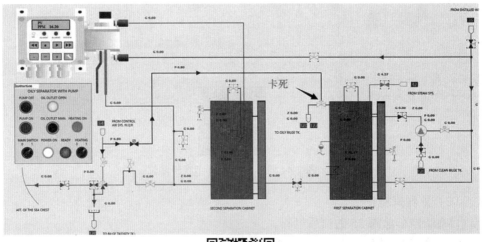

图 7-45 油水分离器气动排油阀卡死在关闭位

(2) 处理措施。

立即停止油水分离器工作,检修气动排油阀。

2. 生活污水处理装置液位电极探测断路器故障

(1) 故障分析与判断。

①在 ID123 界面生活污水处理装置中,消毒柜污水高位报警,还可能有污水溢流到污水溢流舱。

②消毒柜污水高位报警,污水排放泵自动模式无法启动(图 7-46)。

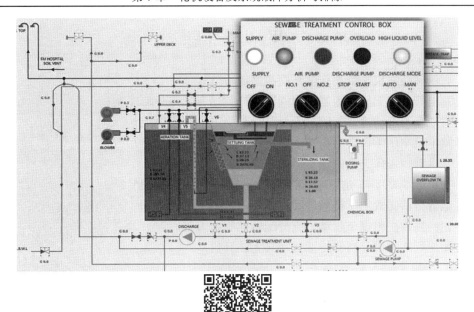

图 7-46 排放泵自动模式无法启动（消毒柜高位）

③手动启动污水排放泵，可以运转排放（图 7-47）。

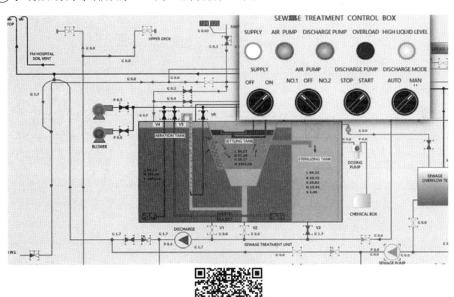

图 7-47 排放泵手动启动（消毒柜高位）

（2）处理措施。
①手动模式启动排放泵，将消毒柜水位排至低位。
②检修液位电极探测断路器。

思 考 题

1. 如何判断主机某缸高压油泵磨损漏泄故障？
2. 发电柴油机涡轮增压器进气通道部分脏堵有哪些故障现象？
3. 发电副机滑油冷却器脏污不及时处理会带来什么后果？
4. 发电机电压不稳定对于自动电站系统会带来哪些危害？
5. 主机遥控操作失灵的处理措施有哪些？
6. 主机燃油黏度自动控制失灵时应如何调整燃油进机黏度？
7. 试分析活塞式空压机供气缓慢的可能故障原因。
8. 如何判断主机倒车启动空气分配器控制阀卡阻？
9. 如何判断油水分离器排油气动阀无法开启？

参 考 文 献

[1] 张存有，李可顺，李伟.轮机业务概论[M].大连：大连海事大学出版社，2021.
[2] 高占斌，张天野.船舶柴油机[M].哈尔滨：哈尔滨工业大学出版社，2022.
[3] 王永坚，魏旻，吴天鑫.船舶教学实习——轮机[M].哈尔滨：哈尔滨工业大学出版社，2022.
[4] 刘新建，马强，苑仁民，等.轮机模拟器系统理论[M].大连：大连海事大学出版社，2009.
[5] 张兴彪，李伟.轮机案例分析[M].大连：大连海事大学出版社，2022.
[6] 李忠辉，王永坚，刘建华.轮机动力设备操作与管理[M].大连：大连海事大学出版社，2017.
[7] 孙建波，左春宽.轮机模拟器[M].大连：大连海事大学出版社，2017.
[8] 中华人民共和国海事局.中华人民共和国海船船员适任评估规范[M].大连：大连海事大学出版社，2012.
[9] 陈辉.轮机模拟器实操手册[M].武汉：武汉理工大学出版社，2012.
[10] 刘文科，王红涛.轮机模拟器[M].南京：河海大学出版社，2015.
[11] 曹辉，张均东.现代船舶轮机模拟器的应用与发展[J].航海教育研究，2012，29（1）：33-36.
[12] 曾青山，陈景峰，黄加亮.轮机模拟器的现状和发展趋势[J].集美大学学报（自然科学版），2003，8（1）：74-79.
[13] 何冶斌，张均东，林叶锦，等.国内外轮机模拟器的发展及对比研究[J].造船技术，2007（1）：38-40.
[14] 孔庆福，宋金阳，张晓东，等.船舶轮机模拟器训练装置技术现状及发展趋势[J].舰船科学技术，2010，31（1）：138-140.
[15] 贾宝柱，曹辉，张均东，等.轮机模拟器及其关键技术[J].中国航海，2012，35（1）：35-40.
[16] 伍巧芸.船舶轮机模拟器的应用与发展[J].中国水运（下半月），2023，23（5）：43-45.
[17] 王雅涛.关于现代船舶轮机模拟器的技术应用思考[J].现代制造技术与装备，2017（4）：57-58.